Berufsvorbereitung

deutsch.sicher

Herausgegeben von:
Manfred Maier

Erarbeitet von:
René Gyurcsik
Hennes Heuckmann
Adina Hinneberg
Manfred Maier
Ulrich Mezger

Ernst Klett Verlag
Stuttgart · Leipzig

Bildquellennachweis

Umschlag Masterfile Deutschland GmbH, Düsseldorf; **Umschlag innen.1** Fotolia LLC (Anna Chelnokova), New York; **Umschlag innen.2** Thinkstock (Creatas Images), München; **Umschlag innen.3** Thinkstock (iStockphoto), München; **Umschlag innen.4** Thinkstock (Siri Stafford), München; **Umschlag innen.5** Thinkstock, München; **3.1** Fotolia LLC (Anna Chelnokova), New York; **3.2** Thinkstock (iStockphoto), München; **4.1** Thinkstock (Creatas Images), München; **4.2** Thinkstock (Siri Stafford), München; **4.3** Thinkstock, München; **5.1**; **5.2**; **5.3** Klett-Archiv (Lorenz Richter), Stuttgart; **5.4** shutterstock (Elena Elisseeva), New York, NY; **5.5** Getty Images, München; **5.6** Fotolia LLC (Henlisatho), New York; **5.7** Klett-Archiv (Peter Nierhoff), Stuttgart; **5.8** Klett-Archiv (Thomas Weccard), Stuttgart; **7** iStockphoto (Carlos Martinez), Calgary, Alberta; **8.1**; **8.3** Fotolia LLC (Anna Chelnokova), New York; **8.2** Fotolia LLC (cpask), New York; **9.1** shutterstock (Fedor Selivanov), New York, NY; **9.2** Fotolia LLC (Anna Chelnokova), New York; **10.1**; **10.2**; **10.2** Fotolia LLC (Anna Chelnokova), New York; **10.3** Fotolia LLC (herculaneum79), New York; **10.4**; **10.5**; **10.6**; **10.7** Klett-Archiv (Ulrich Mezger, Stuttgart), Stuttgart; **11.1**; **11.2**; **11.3**; **11.4** Klett-Archiv (Ulrich Mezger, Stuttgart), Stuttgart; **11.5**; **11.6**; **11.6** Fotolia LLC (Anna Chelnokova), New York; **12.1** Fotolia LLC (Anna Chelnokova), New York; **12.2** Ullstein Bild GmbH (AISA), Berlin; **13.1**; **13.3** Fotolia LLC (Anna Chelnokova), New York; **13.2** Thinkstock (Jupiterimages), München; **14.1**; **14.2** Fotolia LLC (Anna Chelnokova), New York; **15.1**; **15.2**; **15.3**; **15.4**; **15.5**; **15.6**; **15.7**; **15.8** © Miguelanxo Prado/Rep. by Norma Editorial; **15.9**; **15.10**; **15.11** © Miguelanxo Prado/Rep. by Norma Editorial.; **16.1**; **16.3** Fotolia LLC (Anna Chelnokova), New York; **16.2** Getty Images, München; **20** Fotolia LLC (Klaus Eppele), New York; **25** plainpicture GmbH & Co. KG (Cultura), Hamburg; **26.1**; **26.2** Thinkstock (Creatas Images), München; **27.1**; **27.2** Thinkstock (Creatas Images), München; **27.3** Thinkstock (iStockphoto), München; **28.1**; **28.2** Thinkstock (Creatas Images), München; **31** Imago, Berlin; **33** Getty Images, München; **34.1** Thinkstock (Siri Stafford), München; **34.2**; **34.3** Klett-Archiv (Veronika Malgut), Stuttgart; **35.1**; **35.3** Thinkstock (Siri Stafford), München; **35.2**; **35.4** Klett-Archiv (Veronika Malgut), Stuttgart; **36.1**; **36.2** Thinkstock (Siri Stafford), München; **37** Thinkstock (Siri Stafford), München; **41** Getty Images, München; **42.1** Thinkstock, München; **42.2** plainpicture GmbH & Co. KG (Katja Zimmermann), Hamburg; **43.1**; **43.2** Thinkstock, München; **44.1**; **44.2** Thinkstock, München; **45.1** Thinkstock, München; **45.2**; **45.3** Amazon.de GmbH, München; **46** Thinkstock, München; **47** Thinkstock, München; **48.1**; **48.2** Thinkstock, München; **48.3** Corbis (John Warden/Index Stock), Düsseldorf; **49** Fotolia LLC (Amri OEG), New York; **51** iStockphoto (Aldo Murillo), Calgary, Alberta; **52** Thinkstock (iStockphoto), München; **54** Thinkstock (iStockphoto), München; **54.2** Fotolia LLC (Flashgun), New York; **54.3** shutterstock (Yuri Arcurs), New York, NY; **56** Thinkstock (iStockphoto), München; **58.1**; **58.2** Thinkstock (iStockphoto), München; **59** Thinkstock (iStockphoto), München; **60.1**; **60.3** Thinkstock (iStock-photo), München; **60.2** BITKOM - Bundesverband Informationswirtschaft, Telekommunikation und neue Medien e.V.; **65** Ullstein Bild GmbH (CHROM-ORANGE/P. Raider), Berlin; **66.1** Fotolia LLC (Anna Chelnokova), New York; **66.2** Mauritius Images, Mittenwald; **67.1** Fotolia LLC (Anna Chelnokova), New York; **67.2** Avenue Images GmbH (www.imagesource.com/RF), Hamburg; **68.1**; **68.3** Fotolia LLC (Anna Chelnokova), New York; **68.2** Imago (Peter Widmann), Berlin; **70.1** vario images GmbH & Co.KG (Supraphoto), Bonn; **70.2** Fotolia LLC (Anna Chelnokova), New York; **71** Getty Images, München; **75** Ullstein Bild GmbH (Grabowsky), Berlin; **76.1**; **76.5** Fotolia LLC (Anna Chelnokova), New York; **76.2** shutterstock (RF/Kozlov), New York, NY; **76.3** Picture-Alliance (Jens Büttner), Frankfurt; **76.4** VISUM Foto GmbH (Markus Hanke), Hamburg; **77** Fotolia LLC (Anna Chelnokova), New York; **78.1** Fotolia LLC (Anna Chelnokova), New York; **78.2** Fotolia LLC (© corepics), New York; **79.1**; **79.3** Fotolia LLC (Anna Chelnokova), New York; **79.2** Fotolia LLC (© corepics), New York; **80.1**; **80.3** Fotolia LLC (Anna Chelnokova), New York; **80.2** Avenue Images GmbH (Jon Feingersh/Blend Images LLC), Hamburg; **81** Fotolia LLC (Anna Chelnokova), New York; **83** Mauritius Images (Uwe Umstätter), Mittenwald; **84** Thinkstock (Creatas Images), München; **85** Thinkstock (Creatas Images), München; **86.1**; **86.2**; **86.3** Thinkstock (Creatas Images), München; **89** plainpicture GmbH & Co. KG (Büro Monaco), Hamburg; **91** Mauritius Images, Mittenwald; **92** Thinkstock, München; **94** Thinkstock, München; **96** Thinkstock, München; **97** Thinkstock, München; **98.1** Thinkstock, München; **98.2** Fotolia LLC (Meddy Popcorn), New York; **99** Thinkstock, München; **100** Thinkstock, München; **101** Thinkstock, München; **103** Mauritius Images (Karo), Mittenwald; **104.1**; **104.2** Thinkstock (Creatas Images), München; **105.1**; **105.2** Thinkstock (Creatas Images), München; **106** Thinkstock (Creatas Images), München; **107.1** Thinkstock (iStockphoto), München; **107.2** Thinkstock (Creatas Images), München; **108.1**; **108.2**; **108.3** Thinkstock (Creatas Images), München; **109.1** shutterstock (Auremar), New York, NY; **109.2** Thinkstock (Creatas Images), München; **111** Mauritius Images, Mittenwald; **112** Thinkstock (Siri Stafford), München; **113.1** f1 online digitale Bildagentur, Frankfurt; **13.2**; **113.3** Thinkstock (Siri Stafford), München; **114.1**; **114.3** Thinkstock (Siri Stafford), München; **114.2** Imago, Berlin; **115.1** Loewe Verlag GmbH, Bindlach; **115.2** Susan Beth Pfeffer, Die Welt, wie wir sie kannten © Carlsen Verlag GmbH, Hamburg 2009; **115.3** Rachel Ward, Numbers © Carlsen Verlag GmbH, Hamburg 2010; **116.1** Thinkstock (Siri Stafford), München; **116.2** Amazon.de GmbH; **117.1**; **117.2** Thinkstock (Siri Stafford), München; **118.1** Thinkstock (Siri Stafford), München; **118.2** theaterspiel, Witten/Foto © Die Transformer im Kulturdepot - Michael Thiele, Dortmund; **119** Thinkstock (Siri Stafford), München; **120.1** Thinkstock (Siri Stafford), München; **120.2** Imago, Berlin; **121** Thinkstock (Siri Stafford), München; **122** Ullstein Bild GmbH (AP), Berlin; **123** Thinkstock (iStockphoto), München; **125** Getty Images, München; **126**; **126.1** Thinkstock (iStockphoto), München; **127.2** Thinkstock (iStockphoto), München; **128.1**; **128.2** Thinkstock (iStockphoto), München; **129** VISUM Foto GmbH (Carsten Koall), Hamburg; **130** Thinkstock (iStockphoto), München; **133** Imago, Berlin; **134.2** f1 online digitale Bildagentur, Frankfurt; **134.3** Corbis (Plush Studios/Chris Gramly/Blend Images), Düsseldorf; **134.4** Getty Images (PhotoAlto Agency), München; **135** Zentralverband des Deutschen Handwerks (ZDH), Berlin; **195** Thinkstock (Siri Stafford), München

Sollte es in einem Einzelfall nicht gelungen sein, den korrekten Rechteinhaber ausfindig zu machen, so werden berechtigte Ansprüche selbstverständlich im Rahmen der üblichen Regelungen abgegolten.

1. Auflage 1 6 5 4 3 2 | 16 15 14 13 12

Alle Drucke dieser Auflage sind unverändert und können im Unterricht nebeneinander verwendet werden. Die letzte Zahl bezeichnet das Jahr des Druckes.

Herausgeber: Manfred Maier, Stuttgart
Autoren: René Gyurcsik, Stuttgart; Hennes Heuckmann, Meschede; Adina Hinneberg, Lenningen; Manfred Maier, Stuttgart; Ulrich Mezger, Stuttgart
Redaktion: Berit Klöppner
Herstellung: Carina Riehl
Assistenz: Annett Semmler

Layout: Julia-Sophie Kuon, Berlin
Satz: Anne Lehmann, Leipzig
Reproduktion: Meyle + Müller GmbH & Co. KG, Pforzheim
Druck: Druckhaus Götz GmbH, Ludwigsburg

Printed in Germany
ISBN 978-3-12-803822-3

9 783128 038223

Textquellennachweis

S. 47: Tarieren, http://de.wikipedia.org/wiki/Tarieren, abgerufen am 07.01.2011.
S. 52: Bube, Lars: Häusliche Gewalt gegen Rechner. Jeder zehnte Deutsche schlägt seinen PC, http://www.crn.de/panorama/artikel-88768.html , 09.02.2011, abgerufen am 15.03.2011.
S. 53: Duden, Das Fremdwörterbuch, 7. Auflage, Mannheim, Leipzig, Wien, Zürich 2001, S. 35, 71 (Ausschnitt), 332, 600, 992, 1037;
S. 56 f.: Streikender Computer im Büro. Dich mach ich fertig!, http://www.sueddeutsche.de/karriere/streikender-computer-im-buero-dich-mach-ich-fertig-1.79536, 21.01.2010, abgerufen am 04.04.2011.
S. 63: Krenger, Angela: Wie, wohin und warum reisen Jugendliche oft?, Berner Zeitung, 01.12.2010.
S. 68: Junge Menschen im Schönheitswahn, http://mirzuliebe.com/a/1659/junge-menschen-im-schonheitswahn/, 07.08.2010, abgerufen am 22.03.2011.
S. 78: Was machen Gerüstbauer?, http://www.bmwi.de/BMWi/Navigation/Ausbildung-und-Beruf/ausbildungsberufe,did=68102.html?view=renderPrint, abgerufen am 14.03.2011.
S. 115: http://www.loewe-verlag.de/titel/titel-8468_erebos.html, abgerufen am 17.04.2011. http://www.carlsen.de/web/junge-erwachsene/buch?tn=158218, abgerufen am 17.04.2011. http://www.chickenhouse.de/alle-buecher/detailansicht-buch/?carlBookId=190593, abgerufen am 17.04.2011.
S. 116: http://www.amazon.de/product-reviews/3551520070/ref=cm_cr_pr_btm_link_next_2?ie=UTF8&showViewpoints=0&pageNumber=2&sortBy=bySubmissionDateDescendingv, abgerufen am 17.04.2011.
S. 116: Poznanski: Ursula: Erebos, Löwe Verlag, Bindlach 2010, S. 6.
S. 118 f.: Albrecht, Beate: Alkohölle, http://www.theater-spiel.de/staticfolder/image/1000017/textauszuege.pdf, abgerufen am 05.04.2011, © Beate Albrecht.
S. 120: Ürper, Mazlum: Liebeskummer, Ürper, Mazlum, Gronau
S. 122: Silbermond: Das Ende vom Kreis, Text: Stefanie Kloss/Andreas Jan Nowak/Johannes und Thomas Stolle © EMI Songs Musikverlag GmbH & Co. KG/Silbermond Musikverlag GmbH/Valicon Songs OHG.
S. 128 f.: Pörksen, Bernhard: Kult der Selbstinszenierung, Stuttgarter Zeitung, 08.01.2011.
S. 130: Anhängliche Jugendliche, Südkurier, 28.03.2011.
S. 131: Der Alltag in deutschen Gerichtssälen, Stuttgarter Zeitung, 08.01.2011.

Inhalt

///Martin, 20

Mein Beruf ist mein Hobby: Ich bin Tischler und baue vor allem Skateboard-Rampen. ///

///Bea, 19

Ich mache gerade eine Ausbildung zur Kfz-Mechatronikerin. Das war schon immer mein Wunsch. ///

/// Marta, 23
Als Restaurantfachfrau muss ich viel laufen und tragen. Aber ich lerne viele interessante Leute kennen. ///

/// Carlos, 21
Ich liebe Musik. Ich hatte Glück und konnte eine Ausbildung zum Instrumentenbauer beginnen. ///

/// Judith, 24
Schon meine Oma war Schneiderin. Ich kann mir die tollsten Sachen selber nähen. ///

1 Miteinander kommunizieren

Wie ich mir das vorstelle

1 **Erzählen Sie, wie Sie sich – ausgehend von den drei Fotos – vor der Klasse vorstellen möchten. Begründen Sie Ihre Entscheidung.**

2 **Formulieren Sie, wie Sie sich**
a) **beim ersten Treffen mit neuen Freunden,**
b) **beim Eintrag bei facebook,**
c) **bei einem neuen Arbeitgeber vorstellen.**

3 a) **Beschreiben Sie die Bilder.**

b) **Begründen Sie, in welcher der dargestellten Unterrichtssituationen Sie am liebsten arbeiten.**

4 **Nennen Sie Situationen, in denen Ihnen der Deutschunterricht Spaß gemacht hat.**

5 **Lesen Sie das Inhaltsverzeichnis dieses Heftes und notieren Sie zwei Themen, auf deren Behandlung Sie sich freuen.**

____

____

6 **Geben Sie sich Noten von 1 bis 6.**

Es fällt mir leicht, in der deutschen Sprache

- ☐ laut vorzulesen.
- ☐ vor anderen zu reden.
- ☐ mit anderen zu diskutieren.
- ☐ Vorschläge zu formulieren.
- ☐ im Unterricht zu antworten.
- ☐ meine Gedanken und Gefühle auszudrücken.
- ☐ Texte zu verstehen.
- ☐ einen Text schnell zu lesen.
- ☐ Aufsätze zu verfassen.
- ☐ fehlerfrei zu schreiben.
- ☐ die Grammatik richtig anzuwenden.
- ☐ gezielte Gespräche zu führen.

7 **Schreiben Sie drei Bereiche des Deutschunterrichtes auf, die Sie in diesem Schuljahr verbessern wollen.**

____

____

____

8 **Listen Sie drei Aspekte auf, die Sie am meisten stören, wenn Sie im Deutschunterricht lernen wollen.**

____

____

____

9 a) **Erstellen Sie in Kleingruppen Regeln, wie sich jeder im Deutschunterricht verhalten und wie man im Deutschunterricht reden sollte.**

b) **Notieren Sie Ihre Vorschläge deutlich lesbar und übersichtlich auf einem Medium (Tafel, Folie, Plakat, ...).**

c) **Präsentieren Sie Ihre Regeln in der Klasse.**

d) **Einigen Sie sich auf höchstens sechs bis acht Punkte und visualisieren Sie diese.**

2 Erzählen

Was Erzählen mit mir zu tun hat

A **Christoph:** Wenn ich in unserer Clique erzähle, was ich alles so erlebt habe, dann schauen alle auf mich.

B **Paul:** Meine Freundin sagt oft: „Erzähl doch mal was von dir. Was hast du schon für tolle Erlebnisse gehabt?“ Ich glaube, sie will mich ein bisschen aushorchen. Ich bin da vorsichtig und erzähle nicht so viel.

C **Sabrina:** Wenn ich anderen von mir erzähle, dann wird mir oft selbst erst klar, wie ich manchmal ticke.

D **Rita:** Ich finde es total interessant, wenn mein Großvater von seiner Jugend erzählt. Wie die früher gelebt haben, ist richtig cool.

E **Ersin:** Meine Mutter hat mir oft eine Geschichte vor dem Einschlafen erzählt. Das hat mich richtig entspannt.

F **Ich:**

____

____

____

1 a) Lesen Sie die Texte in den Sprechblasen.
b) Markieren Sie, was Sie über das Erzählen erfahren (siehe Beispiel in A).
c) Ergänzen Sie selbst einen Text in der leeren Sprechblase, der Ihre Erfahrung mit dem Erzählen deutlich macht.

2 Tragen Sie vor, was Sie in Aufgabe 1b) markiert haben.

3 Sprechen Sie über die einzelnen Sprechblasen. Erzählen Sie davon, wenn Sie ähnliche oder andere Erfahrungen mit dem Erzählen gemacht haben.

4 Erzählen Sie selbst eine kleine Geschichte.

5 a) Kreisen Sie drei Merkmale (hier spiegelverkehrt geschrieben) ein, die für Sie in erster Linie eine gute Erzählung ausmachen.

spannend | unterhaltsam | fantasievoll | lebendig | realistisch | abwechslungsreich | logisch | sprachlich ausgefeilt

b) Notieren Sie diese Merkmale hier.

Eine Erzählung ist für mich gut, wenn sie diese Merkmale aufweist:

____

____

Wie man eine Erzählung aufbaut und anschaulich gestaltet

/// Erzählanfang ///

Fange deine Erzählung immer mit etwas Interessantem an, damit du auch genügend Aufmerksamkeit bekommst. /

1 a) **Beurteilen Sie die folgenden Erzählanfänge nach der üblichen Notenskala.**

		Note
A	Neulich hatte ich ein furchtbares Erlebnis …	
B	Letztes Jahr bin ich fast vor Angst gestorben …	
C	Ihr glaubt nicht, was ich gestern erlebt habe …	
D	Am 23. Mai dieses Jahres hatte ich Besuch von einem Geist …	
E	Vor kurzem ist mir etwas Komisches passiert …	
F	Im Dezember des letzten Jahres hatte ich das schlimmste Erlebnis in meinem Leben …	
G	Wenn ich euch das erzähle, was ich gestern Abend erlebt habe, dann werdet ihr nicht mehr ruhig schlafen können …	
H	Gestern habe ich etwas Krasses erlebt …	

b) **Vergleichen Sie Ihre Ergebnisse und reden Sie darüber.**

2 **Notieren Sie zwei Möglichkeiten für einen guten Erzählanfang.**

3 a) **Schreiben Sie den ersten Satz für eine Erzählung zu dem Thema: „Meine Begegnung mit einem Geist".**

b) **Tragen Sie Ihr Ergebnis vor und reden Sie darüber.**

/// Erzählplan ///

Lege fest, in welcher Reihenfolge du die Ereignisse am besten erzählst. Achte darauf, dass deine Erzählung nicht langweilig wird. /

4 a) **Ordnen Sie die folgenden Geschehnisse in einer sinnvollen zeitlichen Abfolge an.**

A	Ich wachte gestern Nacht auf.	
B	Der Onkel meiner Mutter schenkte uns eine afrikanische Figur.	
C	Ich hörte Laute, die ich nicht identifizieren konnte.	
D	Der Onkel meiner Mutter reiste nach Afrika.	*1.*
E	Ich bekam immer mehr Angst, aber überwand sie dennoch.	
F	Die Figur flößte mir von Anfang an Furcht ein.	
G	Zwischen den Lauten war mein Name hörbar.	
H	Es kratzte an meiner Tür.	
I	Die Figur wurde vor meinem Zimmer aufgestellt.	
J	Ich machte die Tür auf und …	

b) **Denken Sie sich einen Schluss für die Erzählung aus.**

5 **Diskutieren Sie, warum man die Geschehnisse nicht genau nach der zeitlichen Reihenfolge erzählen sollte.**

6 **Erstellen Sie einen Erzählplan, der alle Informationen der Aufgabe 4 umfasst und mit A (Ich wachte gestern Nacht auf.) beginnt. Schreiben Sie die Erzählreihenfolge mit den Originalbuchstaben (A bis J) auf.**

/// Dramatik ///

Halte die Handlung an besonders spannenden Stellen an und schildere Gedanken und Gefühle oder beschreibe wichtige Gegenstände oder Personen. /

7 **Kreuzen Sie in Ihrem Erzählplan (siehe Aufgabe 6) zwei Stellen an, die Ihnen besonders spannend erscheinen.**

8 **Tragen Sie in die folgende Tabelle ein, welche Schilderung Sie vornehmen könnten.**

	Gedanken/Gefühle	Personen/Gegenstände
Erster Handlungsstopp an spannender Stelle		
Zweiter Handlungsstopp an spannender Stelle		

9 **Erzählen Sie diese Geschichte nach Ihrem Erzählplan.**

/// Erzählende ///

Beende deine Erzählung mit einem kleinen Schlusswort, das zeigt, was du aus dem Erlebnis gelernt hast. /

10 **Schreiben Sie einen Satz auf, der zeigt, was Sie aus Ihrer Geschichte mit der afrikanischen Figur gelernt haben.**

Beispiele für Satzanfänge:
Seither weiß ich, dass … / Dieses Erlebnis hat mir deutlich gemacht, dass … / In dieser Nacht habe ich gelernt, dass …

____

____

____

/// Genaue Bezeichnungen ///

Benutze genaue und treffende Substantive (Hauptwörter) und Verben (Tätigkeitswörter) und ergänze diese durch nähere Beschreibungen (Adjektive/Eigenschaftswörter oder Adverbien/Umstandswörter). /

11 **Notieren Sie zehn Substantive, die Sie dem Bild rechts zuordnen können.**

____

____

____

____

____

____

____

____

____

12 **Schreiben Sie auf, welches Gefühl in den folgenden Bildern jeweils deutlich wird.**

A ______________________

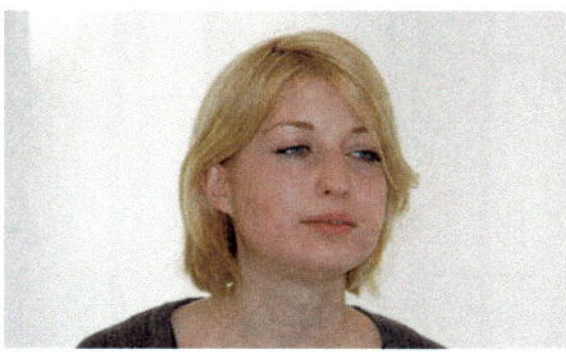

B ______________________

C ______________________

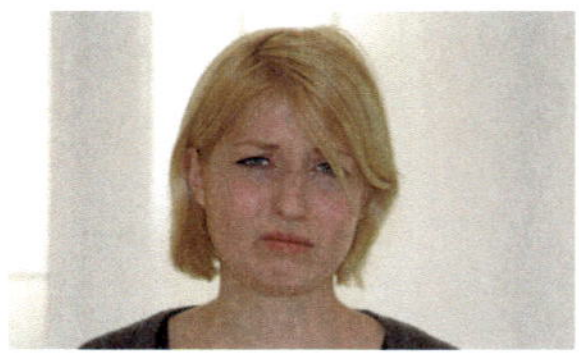

D ______________________

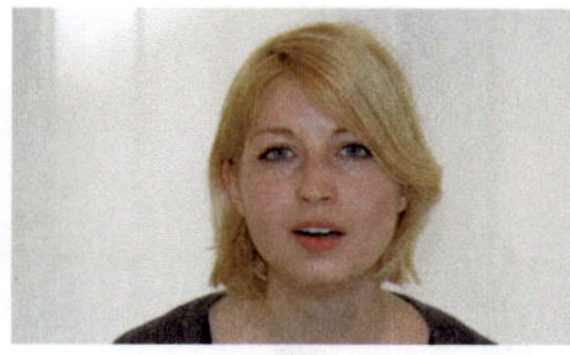

E ____________ F ____________ G ____________ H ____________

/// Anschaulichkeit ///

Erzähle in Bildern, damit deine Zuhörer oder Leser sich alles besser vorstellen können. Benutze dazu Vergleiche *(schnell wie der Blitz)*. /

13 **Formulieren Sie zu den Adjektiven einen originellen Vergleich in ganzen Sätzen, damit die Adjektive für den Zuhörer oder den Leser interessanter und anschaulicher wirken.**

Beispiel:
Es war so trocken wie mitten in der Wüste Gobi.

A ~~trocken~~	C kalt	E blau	G schwarz
B frisch	D heiß	F süß	H schnell

/// Satzanfänge ///

Gestalte deine Satzanfänge abwechslungsreich. Benutze dazu unterschiedliche Wörter, wechsle mit Haupt- und Nebensätzen ab. /

14 **Markieren Sie in den folgenden Sätzen jeweils das Subjekt (Satzgegenstand) und schreiben Sie die Sätze dann so auf, dass das Subjekt nicht immer am Anfang des Satzes steht.**

Ich war neulich im Freibad. Ich traf da meine Freunde. Wir machten dann zusammen Blödsinn. Jemand schlug vor, eine Party zu feiern. Wir gingen noch Getränke einkaufen. Wir machten dann noch eine schöne Party. Ich ging danach heim. Ich fiel gleich ins Bett und schlief ein.

____

____

____

____

15 **Verbinden Sie jeweils die Sätze 1 und 2, 5 und 6 in Aufgabe 14 durch eine Konjunktion (Bindewort) zu einem Haupt- und Nebensatz. Verwenden Sie dabei die Konjunktionen als, nachdem.**

Wie man die Zeitform richtig wählt

/// Erzählzeit ///

In der schriftlichen Erzählung musst du als Erzählzeit das Präteritum (Vergangenheit) wählen. Das Präsens (Gegenwart) solltest du aber für Aussagen verwenden, die als feststehende Tatsachen gelten.

1 **Kreuzen Sie die Aussagen an, die heute noch gültig sind, und formulieren Sie diese im Präsens.**

A Unsere Klassenfahrt ging nach Paris. ☐
B Dort stand der Eiffelturm. ☐
C Am ersten Tag gingen wir in den Louvre. ☐
D Viele von uns wollten die Mona Lisa sehen. ☐
E Das war das berühmteste Gemälde des Louvre. ☐
F Vor dem Bild waren aber viele Menschen. ☐
G Ich fand es bis heute seltsam, dass sie mich immer anschaute. ☐

2 **Ergänzen Sie die folgende Tabelle zu den Formen des Präteritums.**

	Verben	1. Person Singular	2. Person Singular	3. Person Singular	1. Person Plural	2. Person Plural	3. Person Plural
A	sagen	*ich sagte*					
B	wohnen		*du wohntest*				
C	lernen			*sie lernte*			
D	haben			*er hatte*			
E	sein				*wir waren*		
F	wissen					*ihr wusstet*	
G	denken						*sie dachten*

3 **Markieren Sie in den folgenden Sätzen die Zeitform des Perfekts (vollendete Gegenwart) und ersetzen Sie die Zeitform durch das Präteritum.**

Beispiel: Wir sind mit dem Bus nach London gefahren. *Wir fuhren mit dem Bus nach London.*

A Dies ist billiger gewesen als ein Flug.

____

B Im Hotel ist es ziemlich chaotisch zugegangen.

____

C Es hat nämlich kein Zimmer mit der Nummer 96 gegeben.

____

/// Vorvergangenheit ///

Ereignisse, die vor der Erzählzeit abgeschlossen sind, musst du in der Zeitform des Plusquamperfekts (vollendete Vergangenheit) schreiben. /

4 **Kreuzen Sie an, welche inhaltlichen Aussagen vor der eigentlichen Erzählzeit (Ankunft und Zeit in London) bereits abgeschlossen waren.**

A	Wir fuhren nach Calais.	
B	Die Klasse stimmte über das Ziel ab.	
C	Alle wohnten in Knightsbridge.	
D	Einige besuchten den Tower.	
E	Die Schule gab einen Zuschuss.	
F	Die Klassenfahrt wurde genehmigt.	
G	Ich stieg auf die Fähre.	

5 **Kreuzen Sie an, welches Hilfsverb jeweils für das Plusquamperfekt benutzt wird, und setzen Sie die richtige Form des Partizips II (Mittelwort der Vergangenheit) ein.**

		sein	haben	Partizip II
A	fahren	*x*	*x*	*gefahren*
B	abstimmen			
C	wohnen			
D	besuchen			
E	genehmigen			
F	einsteigen			

6 **Schreiben Sie die Sätze aus Aufgabe 4 in der jeweils richtigen Zeitform auf.**

/// Vorausdeutungen ///

Wenn du auf etwas hinweisen willst, das erst später passieren wird, dann musst du die Zeitform des Futur I (Zukunft) wählen. /

7 **Bilden Sie für die folgenden Beispiele das Futur I, indem Sie die entsprechende Form des Hilfsverbs „werden" mit dem jeweiligen Infinitiv (Grundform) des Verbs ergänzen.**

A Ich informiere mich. *Ich werde mich informieren.*

B Du siehst den Big Ben. ______

C Sie heiratet ihren Klassenkameraden. ______

D Wir besuchen die Tate-Galerie. ______

Wie man aus verschiedenen Perspektiven erzählt

/// Ich-Perspektive ///

In der Ich-Erzählung stellst du das Geschehen aus deiner Sicht dar. Du kannst deine Gedanken und Gefühle beschreiben. Was die anderen denken und fühlen, kannst du aber nur vermuten. Das musst du auch so darstellen. /

1 **Kreuzen Sie jeweils an, ob der Ich-Erzähler tatsächlich über die notwendige Information verfügt, um die Aussagen machen zu können, oder ob es Vermutungen sind, die als Tatsachen dargestellt werden. Begründen Sie Ihre Zuordnungen.**

	Text	Der Ich-Erzähler kann dies als Tatsache darstellen.	Dies kann nur eine Vermutung des Ich-Erzählers sein.
A	Emre, Marie und ich hatten uns nun endgültig verlaufen.		
B	„So ein Mist“, dachte Marie. Sie hatte unheimliche Angst, den Bus nach Deutschland zu verpassen.		
C	Ich blieb cool und dachte mir, dass es schon nicht so schlimm wird.		
D	Obwohl Emre an sich auch ein cooler Typ ist, hatte er richtig Panik, auch wenn er das nicht zeigte.		
E	Marie machte den Anschein, als ob sie gleich durchdrehen würde.		
F	„Du musst sie beruhigen“, dachte ich mir.		
G	Emre war so nervös, dass es ihm schwerfiel, einen klaren Gedanken zu fassen.		

2 **Setzen Sie in der korrigierten Geschichte (siehe Aufgabe 1) das richtige Personalpronomen (persönliches Fürwort) aus der Ich-Perspektive ein.**

________ hatten uns nun endgültig verlaufen. „So ein Mist“, sagte __________ und erklärte, sie habe unheimliche Angst, den Bus nach Deutschland zu verpassen. ______________ blieb cool und dachte mir, dass es schon nicht so schlimm wird. Obwohl ___________ an sich auch ein cooler Typ ist, zeigte er richtige Panik, auch wenn er das zu überspielen versuchte. _________ machte den Anschein, als ob sie gleich durchdrehen würde. „Du musst sie beruhigen“, dachte ich mir. ____________________ sagte, dass er so nervös sei, dass es ihm schwerfalle, einen klaren Gedanken zu fassen.

/// Er-Perspektive ///

Wenn du eine Geschichte aus der Perspektive einer anderen Person erzählst, dann musst du dich in diese Person hineinversetzen und überlegen, was die Person wissen kann, denken und fühlen könnte. Du schreibst dann in der dritten Person („er“ oder „sie“). /

3 **Situation:**
In der Bildergeschichte sehen Sie den Forscher Dr. Roberts mit seinem künstlichen Vogel Lucy und den Jungen George.

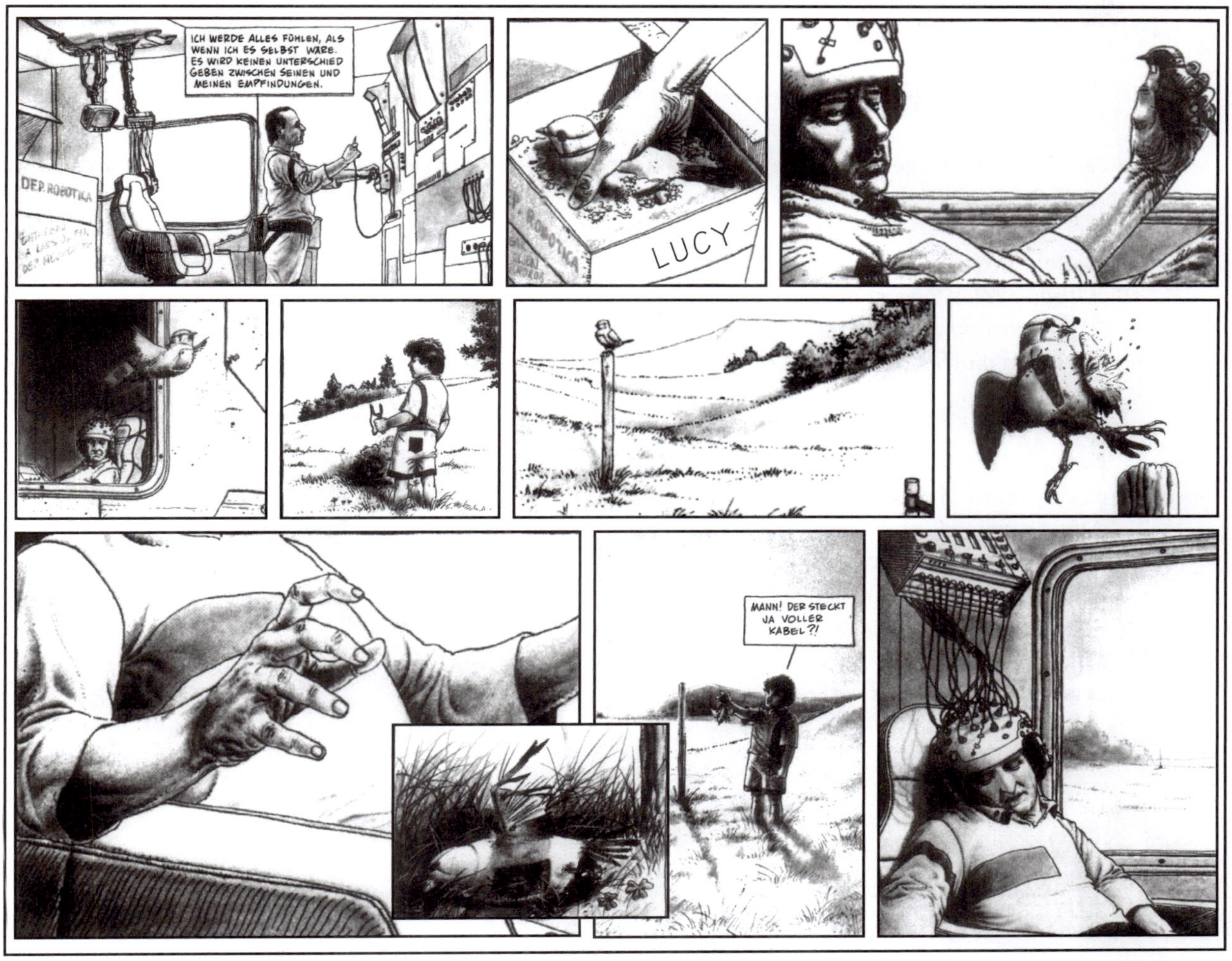

Kreuzen Sie an, welche der beiden Personen die folgenden Aussagen machen kann. Pro Aussage sind entweder ein Kreuz, zwei Kreuze oder gar kein Kreuz möglich.

	Aussage	Dr. Roberts	George
A	Der künstliche Vogel heißt Lucy.		
B	Der Helm konnte die Sinneseindrücke des Vogels übertragen.		
C	Er war gespannt, ob das Experiment glücken würde.		
D	Es war ein schöner Sommertag.		
E	Es war ein tolles Gefühl, wie ein Vogel zu fliegen.		
F	Lucy setzte sich auf einen Pfahl.		
G	Der künstliche Vogel wurde vom Stein getroffen.		
H	Der Stein tat höllisch weh.		
I	Dr. Roberts war tot.		
J	Als der künstliche Vogel aufgehoben wurde, konnte man sehen, dass er voller Kabel war.		
K	George hat nie erfahren, dass er Dr. Roberts tötete.		
L	Das Experiment wurde nicht bekannt.		

/// Direkte Rede (Wörtliche Rede) ///

Mit direkter Rede wirkt deine Erzählung lebendiger. Achte darauf, dass du die direkte Rede in Anführungszeichen setzt. Schreibe so, wie die Person etwas gesagt haben könnte. /

4 **Setzen Sie in den folgenden Teil einer Erzählung die Anführungszeichen richtig ein. Orientieren Sie sich an den drei Beispielen.**

Beispiele:
- *Ich fragte: „Was machst du da?"*
- *„Was machst du da?", fragte ich.*
- *„Was du da machst", sagte ich, „ist großer Mist."*

Kosta drohte mir: Wenn du dich da einmischst, dann geht es dir schlecht. Du kannst mir keine Angst einjagen, antwortete ich ihm. Ich lasse mich von dir doch nicht einschüchtern. Ich mache mich lustig, über wen ich will, stänkerte Kosta weiter. Ich werde das aber nicht zulassen, entgegnete ich ihm, und meine Freunde gegen jedes Mobbing verteidigen.

/// Redebegleitung ///

Bei der direkten Rede musst du deutlich machen, wer was sagt. Gestalte diese Redebegleitungen (z. B.: *Er meinte: „…"*) abwechslungsreich. /

5 **Unterstreichen Sie die Redebegleitungen in Aufgabe 4.**

6 a) **Schreiben Sie aus den vorgegebenen Silben zehn Synonyme für „sagen" (z. B. meinen) auf.**

ant be chen chen den deut er fen fra gen ken len len li ~~mei~~ mer mit ~~nen~~ re spre tei ten ver vor wer wor zäh

b) **Notieren Sie in der rechten Spalte eine passendere Redebegleitung.**

A Sie sagte: „Warum bist du so grob zu mir?" ______________________

B „Ich war doch gar nicht grob zu dir", sagte er. ______________________

C „Du merkst wohl nicht mehr, wie du dich verhältst", sagte sie ihm. ______________________

7 **Schreiben Sie den folgenden Dialog ab, setzen Sie alle notwendigen Satzzeichen und fügen Sie unterschiedliche Redebegleitungen ein.**

Julian (Klassensprecher): Warum machst du dich immer über andere lustig?
Kosta: Mir macht das Spaß.
Antonia: Merkst du denn nicht, dass du deine Mitschüler verletzt?
Myko: Du legst dich immer mit Leuten an, die schwächer sind.
Kosta: Die wollen das doch gar nicht anders. Sollen sie sich halt wehren.
Emre: Was soll ich denn gegen deine 80 Kilo machen? Lass mich einfach in Ruhe. Ich will nicht gemobbt werden.
Julian: Also, Kosta. Hier will niemand gemobbt werden. Das ist auch unsere Regel. Und du musst dich in Zukunft daran halten.
Kosta: Und wenn nicht?

8 **Vervollständigen Sie die Sprechblasen und malen Sie Ihr Gesicht selbst aus. Die gesuchten Begriffe sind jeweils spiegelverkehrt geschrieben.**

A

An geeigneten Stellen werde ich die Handlung anhalten und ______________________ oder ________________ schildern, um die Handlung noch dramatischer zu gestalten. Oder ich verzögere die Handlung durch ______________________________.

Gedanken | Gefühle | Beschreibungen

C

Ich werde als Erzählzeit das ______________________ benutzen. Das ______________ muss ich für Sachverhalte verwenden, die heute noch gültig sind.

Präteritum | Präsens

D

Ich werde ________________ ________ benutzen, um die Erzählung ________________ zu gestalten.

direkte Rede | lebendiger

B

Ich werde die ______________________ abwechslungsreich gestalten, indem ich Haupt- und Nebensätze abwechsle.

Satzanfänge

E

Wenn ich eine Erzählung aus der Er-Perspektive schreibe, dann muss ich mich in die Person hineindenken und darf keine ______________________ verwenden, die die Person nicht hatte.

Informationen

Was ich kann und noch besser können möchte

1 **Machen Sie den folgenden Test.**

	Aussage	stimmt	stimmt nicht
1	Der Erzählplan legt die Erzählreihenfolge fest.		
2	Die Schilderung von Gedanken und Gefühlen ist immer langweilig.		
3	Die Erzählung schließt man mit einer Art Lebensweisheit.		
4	In einer Erzählung muss die Wortwahl nicht unbedingt treffend sein.		
5	Eine Erzählung wird auch dadurch abwechslungsreich, dass ich ein Satzgefüge manchmal mit einem Nebensatz beginne.		
6	Vergleiche machen eine Erzählung anschaulich.		
7	Die folgende Aussage kann ein Ich-Erzähler vornehmen: „Anna fühlte die Angst in sich hochsteigen.“		
8	Die folgende Aussage kann ein Ich-Erzähler vornehmen: „Emre sah so aus, als ob er Angst bekäme.“		
9	Wenn man aus der Sicht einer bestimmten Person erzählt, dann kennt man deren Gedanken und Gefühle.		
10	Direkte Rede wird in Anführungszeichen gesetzt.		
11	Anstelle des Wortes „antworten“ kann man auch folgende Begriffe verwenden: entgegnen, beantworten, erwidern, widersprechen, rechtfertigen.		
12	„Er dachte“ ist die Zeitform des Präteritums.		
13	„Er hat gedacht“ ist die Zeitform des Plusquamperfekts.		
14	„Er wird gewinnen werden“ ist die richtige Form des Futurs I.		

2 **Kontrollieren Sie mithilfe der Lösung auf Seite 137, was Sie in Aufgabe 1 angekreuzt haben.**

3 **Füllen Sie die folgenden Sprechblasen aus.**

✓ Das kann ich gut:

___

___

___

Das möchte ich noch besser können:

___

___

___

Vorschläge für Projektarbeiten

- Eine Erzählung mit Fotos illustrieren
- Eine Erzählung in einen Comic umwandeln
- Eine Erzählung mit dem Thema „Meine Kindheit und Jugend“ aus der Sicht der Großeltern schreiben

Musteraufsatz: Eine Erzählung schreiben

1 **Verfassen Sie eine interessante und ausführliche Erzählung über eine enttäuschende Situation, die Sie selbst erlebt haben.**

Musterlösung

Was mich[1] ganz schön gefrustet hat

In den letzten Tagen der Sommerferien musste ich etwas ziemlich Enttäuschendes verarbeiten.[2]

Ich war[3a] mit meiner Clique im Freibad und hatte wohl ein bisschen angegeben, dass ich mich trauen würde, vom 10-Meter-Turm zu springen. Immerhin hatte[3b] das noch niemand aus meiner Clique gewagt[3b] – ich allerdings auch nicht. Und jetzt zogen mich meine Freunde auf. „Du hast ja nur eine große Klappe", sagten sie und ich hatte das Gefühl, dass ich allen beweisen musste, dass dies nicht so ist. Schließlich waren auch ein paar Mädels dabei, denen ich Eindruck machen wollte.

Also antwortete[4] ich: „Jungs, kein Problem für mich. Ihr wisst doch: Ich kenne keine Angst. Kommt mit, ich werde es euch zeigen. Ich mach einen coolen Sprung vom Zehner." So gingen wir alle zum Turm. Meine Clique stellte sich am tiefblauen Sprungbecken[5] auf und ich begann die Stufen hinaufzuklettern. Das ging auch ganz gut – bis zum Fünfer. Aber danach merkte ich, dass ich langsam weiche Knie bekam, denn die Höhe hatte ich mir nicht so extrem vorgestellt. Die Leute unten wurden immer kleiner und das Sprungbecken auch. „Wie willst du denn runterspringen", dachte ich, „du schaffst es ja nicht einmal hoch."[6] Da wurde ich aber schon aus meinen Gedanken gerissen, denn der Mann hinter mir forderte mich auf, endlich die Treppe weiter hinaufzugehen. Auch dem wollte ich zeigen, dass ich keine Angst hatte, und so kletterte ich dann also auch die letzten Stufen hinauf. Oben standen schon mindestens 15 Leute und warteten, bis sie springen durften. „Das kann ja nicht so schlimm sein", dachte ich mir, da auch ein paar Mädchen dabei waren, die deutlich jünger als ich sein mussten. Die lachten, machten Witze und waren richtig locker. Aber dann sah ich nach unten. Wahnsinn. Das sah ja drei Mal so hoch aus wie von unten! Verlier nicht den Mut, denk nicht an die vielen Geschichten, die du gehört hast. Was kann einem nicht alles passieren: Schmerzhafte Prellungen und Blutergüsse sind da die geringsten Folgen. Ja, es wird sogar erzählt, dass einem der Bauch aufplatzen kann.[7] Aber obwohl ich dies für ein modernes Märchen hielt, ließ mich der Gedanke daran nicht los und ich musste mir dies auch noch bildlich vorstellen. Da riss mich eine Stimme aus meinen Gedanken: „Was is? Willste nich springen? Haste die Hosen voll?"[8] Der Bademeister schaute zuerst abschätzig und dann mitleidig zu mir. Erst da bemerkte ich, dass ich mit ihm alleine auf dem Turm war. Alle anderen waren schon gesprungen und der Turm war geschlossen. Ich wagte einen Blick nach unten und sah ein paar Zwerge,[9] die weit unter mir johlten und seltsame Tänze[9] neben

1 ***Ich-Perspektive:*** *In der Ich-Erzählung stellen Sie das Geschehen aus Ihrer Sicht dar. Sie können Ihre Gedanken und Gefühle beschreiben. Was die anderen denken und fühlen, können Sie aber nur vermuten. Das müssen Sie auch so darstellen.*

2 ***Erzählanfang:*** *Fangen Sie Ihre Erzählung immer mit etwas Interessantem an, damit Sie auch genügend Aufmerksamkeit bekommen.*

3 ***Erzählzeit:*** *In der schriftlichen Erzählung müssen Sie als Erzählzeit das Präteritum (a) wählen. Ereignisse, die vor der Erzählzeit abgeschlossen sind, schreiben Sie in der Zeitform des Plusquamperfekts (b) (Vorvergangenheit).*

4 ***Redebegleitung:*** *Bei der direkten Rede müssen Sie deutlich machen, wer was sagt. Gestalten Sie diese Redebegleitungen abwechslungsreich.*

5 ***Genaue Bezeichnungen:*** *Benutzen Sie genaue und treffende Substantive und Verben und ergänzen Sie diese durch nähere Beschreibungen (Adjektive oder Adverbien).*

6 ***Dramatik:*** *Halten Sie die Handlung an besonders spannenden Stellen an und schildern Sie Gedanken und Gefühle oder beschreiben Sie wichtige Gegenstände oder Personen.*

7 ***Innerer Monolog:*** *Gedanken müssen Sie nicht in der Form der direkten Rede schreiben. Beim inneren Monolog führt der Erzähler ein Selbstgespräch. Grammatikalische Regeln müssen dabei nicht beachtet werden, der Inhalt muss aber verständlich sein.*

einer kleinen blauen Pfütze[9] aufführten. Waren das etwa meine Freunde? War das etwa das Sprungbecken? Ich hatte wirklich die Hosen voll – natürlich nur bildlich gesprochen – und sagte zum Bademeister: „Ich weiß nicht, ich habe brutal Angst." „Wenn du jetzt zurückgehst, wirste nie mehr springen. Dann hat dich die Angst gekrallt. Also pass auf. Ich zähle auf drei, und dann springste. Es gibt keinen zweiten Versuch. Und denk dran, dass du die Arme anlegst und möglichst gerade eintauchst. Biste einverstanden und bereit?" „Okay", hörte ich mich sagen und dachte: Das hast aber nicht du gesagt. Dann zählte der Bademeister „eins, zwei, drei" und ich machte ein paar schnelle Schritte nach vorne und sprang ab. Wie lang können eineinhalb Sekunden sein? Wie viele[10] Gedanken kann man in eineinhalb Sekunden haben? Heute weiß ich es. An[10] diesem Sommertag lernte ich es, bis meine Fußsohlen lernten, was es heißt, mit 50 Stundenkilometern die Wasseroberfläche zu teilen. Als[10] ich ins Sprungbecken eintauchte und es mir in einem Sprudelbad die Lunge zusammenpresste, dachte ich aber: Das war jetzt aber schnell. Du hast es geschafft. Du bist gesprungen. Vom Zehner! Und du lebst noch. Und als ich dann auftauchte, war ich wie im Glücksrausch. Und natürlich war ich mächtig stolz auf mich. Das musste meine Freunde mächtig beeindruckt haben, dachte ich mir. „An deiner Haltung musst du aber noch arbeiten. Du hast ja mit den Armen gewedelt wie ein wildgewordener Zombie." Das war alles an Kommentaren, bevor es wieder zur Tagesordnung ging. Das frustrierte mich damals ganz schön. Ich hatte mir doch erhofft, dass sie ein bisschen zu mir aufschauen werden und mich als den starken Typen ansehen.

Heute weiß ich aber, dass es für mich wichtig war, meine Angst überwunden zu haben, weil es mir auch in anderen Dingen Selbstvertrauen gibt.[11] Denn jedes Mal, wenn Ängste in mir aufkommen, dann denke ich an meinen Sprung vom Zehner. Das hilft gewaltig. Und mit meiner Clique geht es auch immer noch super, vielleicht auch, weil es keinen gibt, zu dem die anderen aufschauen. Übrigens haben alle danach „ihren Zehner" absolviert.

8 ***Direkte Rede:*** *Die wörtliche Wiedergabe von Aussagen erhöht die Genauigkeit einer Erzählung. Dabei geben Sie Wort für Wort wieder, was eine Person gesagt hat. Das setzen Sie dann in Anführungszeichen.*

9 ***Anschaulichkeit:*** *Erzählen Sie in Bildern, damit Ihre Leser oder Zuhörer sich alles besser vorstellen können. Benutzen Sie dazu Vergleiche.*

10 ***Satzanfänge:*** *Gestalten Sie Ihre Satzanfänge abwechslungsreich. Benutzen Sie dazu unterschiedliche Wörter und Haupt- und Nebensätze.*

11 ***Ende der Erzählung:*** *Beenden Sie Ihre Erzählung mit einem kleinen Schlusswort, das zeigt, was Sie aus dem Erlebnis gelernt haben.*

Muster und Übungen: Zeitformen von Verben

Verb	Person	Singular (Sg.)/ Einzahl – Plural (Pl.)/ Mehrzahl		Plusquamperfekt	Perfekt	Präteritum	Präsens	Futur 1	Futur 2
				Vergangenheit			*Gegenwart*	*Zukunft*	
haben	1.	Sg.	ich	hatte gehabt	habe gehabt	hatte	habe	werde haben	werde gehabt haben
	2.	Sg.	du	hattest gehabt	hast gehabt	hattest	hast	wirst haben	wirst gehabt haben
	3.	Sg.	er/sie/es	hatte gehabt	hat gehabt	hatte	hat	wird haben	wird gehabt haben
	1.	Pl.	wir	hatten gehabt	haben gehabt	hatten	haben	werden haben	werden gehabt haben
	2.	Pl.	ihr	hattet gehabt	habt gehabt	hattet	habt	werdet haben	werdet gehabt haben
	3.	Pl.	sie	hatten gehabt	haben gehabt	hatten	haben	werden haben	werden gehabt haben
sein	1.	Sg.	ich	war gewesen	bin gewesen	war	bin	werde sein	werde gewesen sein
	2.	Sg.	du	warst gewesen	bist gewesen	warst	bist	wirst sein	wirst gewesen sein
	3.	Sg.	er/sie/es	war gewesen	ist gewesen	war	ist	wird sein	wird gewesen sein
	1.	Pl.	wir	waren gewesen	sind gewesen	waren	sind	werden sein	werden gewesen sein
	2.	Pl.	ihr	wart gewesen	seid gewesen	wart	seid	werdet sein	werdet gewesen sein
	3.	Pl.	sie	waren gewesen	sind gewesen	waren	sind	werden sein	werden gewesen sein
spielen	1.	Sg.	ich	hatte gespielt	habe gespielt	spielte	spiele	werde spielen	werde gespielt haben
	2.	Sg.	du	hattest gespielt	hast gespielt	spieltest	spielst	wirst spielen	wirst gespielt haben
	3.	Sg.	er/sie/es	hatte gespielt	hat gespielt	spielte	spielt	wird spielen	wird gespielt haben
	1.	Pl.	wir	hatten gespielt	haben gespielt	spielten	spielen	werden spielen	werden gespielt haben
	2.	Pl.	ihr	hattet gespielt	habt gespielt	spieltet	spielt	werdet spielen	werdet gespielt haben
	3.	Pl.	sie	hatten gespielt	haben gespielt	spielten	spielen	werden spielen	werden gespielt haben
ver-lieren	1.	Sg.	ich	hatte verloren	habe verloren	verlor	verliere	werde verlieren	werde verloren haben
	2.	Sg.	du	hattest verloren	hast verloren	verlorst	verlierst	wirst verlieren	wirst verloren haben
	3.	Sg.	er/sie/es	hatte verloren	hat verloren	verlor	verliert	wird verlieren	wird verloren haben
	1.	Pl.	wir	hatten verloren	haben verloren	verloren	verlieren	werden verlieren	werden verloren haben
	2.	Pl.	ihr	hattet verloren	habt verloren	verlort	verliert	werdet verlieren	werdet verloren haben
	3.	Pl.	sie	hatten verloren	haben verloren	verloren	verlieren	werden verlieren	werden verloren haben
fallen	1.	Sg.	ich	war gefallen	bin gefallen	fiel	falle	werde fallen	werde gefallen sein
	2.	Sg.	du	warst gefallen	bist gefallen	fielst	fällst	wirst fallen	wirst gefallen sein
	3.	Sg.	er/sie/es	war gefallen	ist gefallen	fiel	fällt	wird fallen	wird gefallen sein
	1.	Pl.	wir	waren gefallen	sind gefallen	fielen	fallen	werden fallen	werden gefallen sein
	2.	Pl.	ihr	wart gefallen	seid gefallen	fielt	fallt	werdet fallen	werdet gefallen sein
	3.	Pl.	sie	waren gefallen	sind gefallen	fielen	fallen	werden fallen	werden gefallen sein
helfen	1.	Sg.	ich	hatte geholfen	habe geholfen	half	helfe	werde helfen	werde geholfen haben
	2.	Sg.	du	hattest geholfen	hast geholfen	halfst	hilfst	wirst helfen	wirst geholfen haben
	3.	Sg.	er/sie/es	hatte geholfen	hat geholfen	half	hilft	wird helfen	wird geholfen haben
	1.	Pl.	wir	hatten geholfen	haben geholfen	halfen	helfen	werden helfen	werden geholfen haben
	2.	Pl.	ihr	hattet geholfen	habt geholfen	halft	helft	werdet helfen	werdet geholfen haben
	3.	Pl.	sie	hatten geholfen	haben geholfen	halfen	helfen	werden helfen	werden geholfen haben
über-legen	1.	Sg.	ich	hatte überlegt	habe überlegt	überlegte	überlege	werde überlegen	werde überlegt haben
	2.	Sg.	du	hattest überlegt	hast überlegt	überlegtest	überlegst	wirst überlegen	wirst überlegt haben
	3.	Sg.	er/sie/es	hatte überlegt	hat überlegt	überlegte	überlegt	wird überlegen	wird überlegt haben
	1.	Pl.	wir	hatten überlegt	haben überlegt	überlegten	überlegen	werden überlegen	werden überlegt haben
	2.	Pl.	ihr	hattet überlegt	habt überlegt	überlegtet	überlegt	werdet überlegen	werdet überlegt haben
	3.	Pl.	sie	hatten überlegt	haben überlegt	überlegten	überlegen	werden überlegen	werden überlegt haben

1 **Geben Sie bei den Sätzen die jeweilige Zeitstufe (Vergangenheit, Gegenwart, Zukunft) und in Klammern die jeweilige Form an (z. B. Präteritum, Präsens, Futur 1).**

Beispiel:
Klaus ging in den Keller und holte die Leiter.
Vergangenheit (Präteritum)

A Petra hatte schon oft mit ihrem Ausbilder gesprochen.

B Ich spare schon seit langer Zeit auf meinen neuen MP3-Player.

C Jonas ist sich sicher.

D Diesen Augenblick wird Hassan sicher nie vergessen.

E Er schwang sich auf sein Mofa und fuhr wütend davon.

F Ich habe eine halbe Stunde auf die anderen gewartet.

G Als Julia aufwachte, lief der Fernseher immer noch.

H Wir werden morgen nicht zum Festival gehen können.

I Das Konzert ist wirklich super gewesen.

J Im August werdet ihr schon wieder aus dem Urlaub zurückgekommen sein.

2 **Schreiben Sie die folgenden Zeitformen mit dem Personalpronomen in die richtige Spalte der Tabelle.**

A Sie haben verloren.
B Du wirst froh gewesen sein.
C Ich hatte mir das überlegt.
D Dir werde ich helfen.
E Vorsicht, du fällst.
F Ihr habt Glück gehabt.
G Er spielt wieder.
H Jetzt geht es besser.

Zeitformen		
Vergangenheit	*Gegenwart*	*Zukunft*

Muster und Übungen: Direkte und indirekte Rede

Verb	Person	Singular (Sg.)/ Einzahl – Plural (Pl.)/ Mehrzahl		Indikativ (Wirklichkeitsform)	Konjunktiv I (Möglichkeitsform)		Konjunktiv II	
					Gegenwart	*Vergangenheit*	*Gegenwart*	*Vergangenheit*
sein	1.	Sg.	ich	bin	sei	sei gewesen	wäre	wäre gewesen
	2.	Sg.	du	bist	seiest	seiest gewesen	wärest	wärest gewesen
	3.	Sg.	er/sie/es	ist	sei	sei gewesen	wäre	wäre gewesen
	1.	Pl.	wir	sind	seien	seien gewesen	wären	wären gewesen
	2.	Pl.	ihr	seid	seiet	seiet gewesen	wäret	wäret gewesen
	3.	Pl.	sie	sind	seien	seien gewesen	wären	wären gewesen
haben	1.	Sg.	ich	habe	habe	habe gehabt	hätte	hätte gehabt
	2.	Sg.	du	hast	habest	habest gehabt	hättest	hättest gehabt
	3.	Sg.	er/sie/es	hat	habe	habe gehabt	hätte	hätte gehabt
	1.	Pl.	wir	haben	haben	haben gehabt	hätten	hätten gehabt
	2.	Pl.	ihr	habt	habet	habet gehabt	hättet	hättet gehabt
	3.	Pl.	sie	haben	haben	haben gehabt	hätten	hätten gehabt
sagen	1.	Sg.	ich	sage	sage	habe gesagt	sagte	hätte gesagt
	2.	Sg.	du	sagst	sagest	habest gesagt	sagtest	hättest gesagt
	3.	Sg.	er/sie/es	sagt	sage	habe gesagt	sagte	hätte gesagt
	1.	Pl.	wir	sagen	sagen	haben gesagt	sagten	hätten gesagt
	2.	Pl.	ihr	sagt	saget	habet gesagt	sagtet	hättet gesagt
	3.	Pl.	sie	sagen	sagen	haben gesagt	sagten	hätten gesagt

1 **Markieren Sie im folgenden Text Pronomen (Fürwörter) und die Konjunktivformen der Verben (Tätigkeitswörter) im Nebensatz.**

A Mehmet sagte zu seiner Freundin, dass er[1] keine Lust habe[2], den Film anzuschauen.

B Lydia antwortete, sie gehe dann eben mit ihrer Freundin ins Kino.

C Der Lehrer lobte Mehmet vor der ganzen Klasse, er habe eine sehr gute Arbeit geschrieben.

D Mehmet antwortete mit einem Augenzwinkern, er sei ja auch gestern nicht im Kino gewesen, sodass er Zeit zum Lernen gehabt habe.

E Der Lehrer meinte zu Lydia, nach ihrer Leistung sei sie dann im Kino gewesen.

1 ***Pronomen** (Fürwörter): Als Vorarbeit für Ihre Umformungen ist es ratsam, dass Sie die Pronomen (Personalpronomen und Possessivpronomen) markieren, weil Sie diese ändern müssen.*

2 ***Konjunktivformen:** Auch die Konjunktivformen können Sie markieren, weil sie in den Indikativ umformuliert werden müssen.*

2 **Formen Sie die folgenden Sätze aus der indirekten Rede in die direkte Rede um.**

A Mehmet sagte zu seiner Freundin, dass er[3] keine Lust habe[3], den Film anzuschauen.

Mehmet sagte zu seiner Freundin: „Ich habe[3] keine Lust, den Film anzuschauen."[4]

B Lydia antwortete, sie gehe dann eben mit ihrer Freundin ins Kino.

____

____

3 ***Perspektivwechsel:** Beachten Sie, dass bei der Umwandlung von indirekter in direkte Rede die Perspektive wechselt. Da Mehmet redet, muss aus dem Pronomen „er" das Pronomen „ich" werden. Auch die Verbform ändert sich dementsprechend. Achten Sie darauf, die gleiche Zeitform zu verwenden.*

4 ***Zeichensetzung:** Setzen Sie direkte Rede in Anführungszeichen.*

C Der Lehrer lobte Mehmet vor der ganzen Klasse, er habe eine sehr gute Arbeit geschrieben.

____

____

D Mehmet antwortete mit einem Augenzwinkern, er sei ja auch letzten Mittwoch nicht im Kino gewesen, sodass er Zeit zum Lernen gehabt habe.

____

____

E Der Lehrer meinte zu Lydia, nach ihrer Leistung sei sie dann im Kino gewesen.

____

____

3 **Markieren Sie im folgenden Text die gesamten Redeeinleitungen (bzw. Redeausleitungen).**

A Patrick sagte[5] über sein Praktikum: „Das hat mir sehr gut gefallen."

B „Mir hat mein Praktikum nicht sehr viel gebracht", entgegnete Kosta.

C Die anderen Schüler forderten Kosta auf: „Erkläre uns das bitte genauer."

D Der Lehrer fragte Marie: „Hat Ihnen das Praktikum gefallen?"

E „Auf jeden Fall haben wir alle gesehen, wie es im Beruf zugeht", meinte Marie.

5 ***Redeeinleitungen:*** *Dies ist eine kleine Hilfestellung für Ihre Umformungen. Die Redeinleitungen bleiben nämlich unverändert. Beachten Sie, dass eine* ***Redeausleitung*** *an die Stelle der Redeeinleitung treten kann.*

4 **Formen Sie die folgenden Sätze aus der direkten Rede in die indirekte Rede um.**

A Patrick sagte über sein Praktikum: „Das hat mir sehr gut gefallen."

Patrick sagte über sein Praktikum, dass[6] es ihm sehr gut gefallen habe.

B „Mir hat mein Praktikum nicht sehr viel gebracht", entgegnete Kosta.

____

____

C Die anderen Schüler forderten Kosta auf: „Erkläre uns das bitte genauer."[7]

____

____

D Der Lehrer fragte Marie: „Hat Ihnen das Praktikum gefallen?"[8]

____

____

E Marie meinte: „Auf jeden Fall haben wir alle gesehen, wie es im Beruf zugeht."

____

____

6 ***Einleitung des Nebensatzes:*** *Sie können den Nebensatz, der die indirekte Rede enthält, mit der Konjunktion (Bindewort) „dass" einleiten. Beachten Sie wieder die notwendigen Veränderungen des Pronomens (aus „mir" wird „ihm") und den Gebrauch des Konjunktivs (aus „hat" wird „habe").*

7 ***Befehlssatz:*** *Wenn die direkte Rede eine Aufforderung in Form eines Befehlssatzes (Imperativ) ist, dann können Sie dies in der indirekten Rede mit dem Verb „sollen" ausdrücken.*

8 ***Frage:*** *Besteht die direkte Rede aus einer Frage, so leiten Sie die indirekte Rede am besten mit der Konjunktion „ob" ein.*

3 Berichten

Was Berichten mit mir zu tun hat

A Alexander: Nach meinem Praktikum musste ich einen Praktikumsbericht anfertigen und alles aufschreiben, was ich jeden Tag gemacht habe.

B Tugba: Ich habe bei der Notrufzentrale angerufen. Ich war so aufgeregt und wollte von dem Unfall in allen Einzelheiten erzählen, aber der Mann am Telefon wollte vor allem wissen, was und wo es passiert ist.

C Lukas: Für die Versicherung musste ich eine Skizze zeichnen und genau aufschreiben, wie es zu dem Unfall kam.

D Jenny: Ich habe ihn gefragt, was genau kaputt gegangen sei, aber mein kleiner Bruder erzählte mir einen Roman.

E Mehmet: Der Unfallgegner wollte eigentlich nur sagen, dass meine Schwester schuld sei, doch der Polizist sagte immer nur: „Sachlich und der Reihe nach."

F Ich:

____

____

____

1 a) **Lesen Sie die Texte in den Sprechblasen.**
b) **Markieren Sie, was Sie über das Berichten erfahren (siehe Beispiel in A).**
c) **Notieren Sie in Sprechblase F, welche Erfahrung Sie mit Berichten gemacht haben.**

2 **Stellen Sie vor, was Sie in Aufgabe 1b) markiert haben.**

3 a) **Wählen Sie eine Sprechblase aus, über die Sie reden wollen.**
b) **Stellen Sie hierzu eine Frage, die Sie beantwortet haben möchten, und beantworten Sie die Fragen anderer.**

4 a) **Kreisen Sie drei Aspekte (spiegelverkehrt geschrieben) ein, die für Sie einen guten Bericht hauptsächlich ausmachen.**

auf wesentliche Informationen beschränkt
auf den Adressaten abgestimmt | verständlich
sachlich richtig | sachlich geschrieben
je nach Zweck ausführlich
in der richtigen zeitlichen Abfolge verfasst

b) **Notieren Sie die drei Aspekte.**

Für mich ist ein guter Bericht hauptsächlich

____

____

Wie man die W-Fragen beantwortet

/// Die W-Fragen ///

Schreibe in einem Bericht immer die Antworten auf die W-Fragen. Die wichtigsten W-Fragen sind: Wer? – Wann? – Wo/Wobei? – Was? – Wie (genau)? – Welche Folgen? /

1 a) **Markieren Sie in dem folgenden Text alle Antworten auf die W-Fragen. Benutzen Sie unterschiedliche Farben.**

Lukas erzählt Mesut folgende Geschichte am Telefon:

„Hey Mesut, ich muss dir unbedingt erzählen, was heute passiert ist. Ich mache doch gerade ein Praktikum bei dieser kleinen Malerfirma meines Onkels. Paul, mein Praktikumsbetreuer, holt mich um 7 Uhr bei mir ab und wir fahren zur Baustelle. Wir sollten da eine Wand auf dem Werksgelände von A. & I. neu streichen. Wir montieren also unser Gerüst und steigen mit den Farbkübeln nach oben und fangen an. Paul bekommt Durst und sagt zu mir, ich solle ihm doch eine Flasche Wasser am Kiosk kaufen gehen. Ich komme gerade vom Kiosk zurück, da sehe ich, wie die Frau vom Chef – so eine Wasserstoffblonde – in einem Affenzahn um die Ecke biegt und mit ihrem riesig großen Mercedes gegen das Gerüst fährt. Das kippt natürlich um, Paul fällt runter und die ganze Farbe landet auf dem schwarzen Mercedes der Chefin. Also, wenn du mich fragst, ich meine, die war betrunken. Da war vielleicht was los. Alle kamen und bestaunten die Szene. Ich rief sofort den Werksarzt, weil Paul sich ordentlich wehgetan hatte. Also ab ins Krankenhaus. Ich ging natürlich mit. Jetzt ist Paul ein paar Tage zu Hause, weil sein Bein gebrochen ist und eingegipst wurde. Der Arzt meinte aber, es sei nicht so schlimm. – Ich frage mich bloß, wie die die Farbe wieder von dem Mercedes herunterkriegen wollen."

b) **Erstellen Sie eine Tabelle nach folgendem Muster und notieren Sie alle Antworten auf die W-Fragen.**

Wer ?	
Wann ?	
Wo/Wobei ?	
Was ?	*Ein Auto fuhr gegen ein Gerüst und stieß es um. Ein Mann auf dem Gerüst fiel herunter.*
Wie (genau)?	
Welche Folgen ?	

/// Adressatenbezug ///

Beachte, wem oder in welcher Situation du berichtest. / Ein Notarzt möchte andere Informationen als ein Polizist. Überlege dir, welche Informationen für den anderen wichtig sind. /

2 **Spielen Sie die Szene, in der Lukas den Werksarzt anruft und ihm vom Ereignis berichtet. Diskutieren Sie zunächst, welche Informationen dem Werksarzt wichtig sind. Legen Sie dann fest, wer die Rolle von Lukas und wer die Rolle des Fragenden (Werksarzt) spielt.**

/// Was ist passiert? ///

Das „Was?" nennt kurz und unparteiisch das Ereignis, um das es geht. Fasse das „Was?" in ein bis zwei Sätzen oder in Form einer Überschrift zusammen. /

3 **Lesen Sie die folgenden Aussagen zum gleichen Unfall und formulieren Sie eine Überschrift (das „Was?").**

Beteiligte 1: „Ich saß in meinem Wagen und wartete an der roten Ampel am Herderplatz, bis diese auf Grün umschaltete. Als die Ampel Grün zeigte, fuhr ich los. Da kam plötzlich ein Lieferwagen von rechts über die rote Ampel angerast und fuhr mir in die Seite."

Beteiligter 2: „Ich fuhr mit meinem Lieferwagen zügig auf die Ampel zu. Gerade als ich über die Haltelinie fuhr, schaltete die Ampel auf Gelb und im selben Moment fuhr auch schon Frau Meier mit ihrem Wagen los. Ich versuchte noch zu bremsen, aber wir stießen schließlich zusammen."

/// Sachlicher Stil ///

Informiere in einem Bericht sachlich, schreibe ohne Ausschmückungen und persönliche Wertungen. /

4 **Kreuzen Sie an, welche Sätze in einen Unfallbericht gehören.**

- A Beim Mittagessen haben wir noch über das Auto des Chefs gesprochen. ☐
- B Am 12.10.2010 passierte ein Unfall. ☐
- C Beteiligt waren eine Straßenbahn und ein Kleinbus. ☐
- D Viele Schaulustige beobachteten die Szene. ☐
- E Der Fahrer des VW fuhr bei Rot über die Kreuzung. ☐
- F Ich glaube, der LKW-Fahrer hat geträumt. ☐
- G Der Unfallverursacher wurde schwer verletzt. ☐

5 a) **Unterstreichen Sie im folgenden Text alle Ausschmückungen, Vermutungen und persönlichen Wertungen.**

„[…] Paul bekommt Durst und sagt zu mir, ich solle ihm doch eine Flasche Wasser am Kiosk kaufen gehen. Ich komme gerade vom Kiosk zurück, da sehe ich, wie die Frau vom Chef – so eine Wasserstoffblonde – in einem Affenzahn um die Ecke biegt und mit ihrem riesig großen Mercedes gegen das Gerüst fährt. Das kippt natürlich um, Paul fällt runter und die ganze Farbe landet auf dem schwarzen Mercedes der Chefin. Also, wenn du mich fragst, ich meine, die war betrunken. Da war vielleicht was los. Es war gerade Frühstückspause und alle kamen und bestaunten die Szene. Ich rief sofort den Werksarzt, weil Paul sich ordentlich wehgetan hatte. Also ab ins Krankenhaus. Ich ging natürlich mit. Jetzt ist Paul ein paar Tage zu Hause, weil sein Bein gebrochen ist […]."

b) **Formulieren Sie die Aussagen in den Zeilen 3–11 so um, dass sie sachlich werden.**

Wie man einen Bericht sprachlich gestaltet

/// Abfolge des Geschehens ///

Schreibe deinen Bericht in der richtigen zeitlichen Abfolge der Vorgänge, damit der Leser weiß, was wann passiert ist. / Benutze Wörter, die die zeitliche Abfolge verdeutlichen. /

1 **Bringen Sie die folgenden Teile eines Unfallberichts in eine sinnvolle Reihenfolge.**

A	Wir stellten die Waren aus den Kartons in die Regale.	
B	Wir mussten die leeren Kartons mit der alten Kollektion befüllen und in die Regale in der Ecke stellen.	
C	Da die Leiter nicht hoch genug war, stieg sie auf den Rahmen.	
D	Sie hielt sich am Regal fest, doch einige der Kartons fielen herunter.	
E	Am 19.04.2011 packte ich mit meiner Kollegin morgens die Ware im Lager aus.	1.
F	Meine Nase ist nun stark geschwollen. Es werden aber keine dauernden Schäden bleiben.	
G	Die Regale waren allerdings nicht groß genug.	
H	Ich stand unten und gab ihr die einzelnen Kartons nach oben.	
I	Ich blutete sehr stark und ging sofort zum Unfallarzt.	
J	Da ich direkt unter ihr stand, bekam ich die Kartons auf den Kopf.	
K	Deshalb stapelte meine Kollegin Petra die Kartons mit der Klappleiter auf den obersten Regalboden.	
L	Einer der Kartons fiel mir direkt auf die Nase und hat mir dabei das Nasenbein gebrochen.	
M	Bei einem der letzten Kartons verlor sie das Gleichgewicht.	

2 **Schreiben Sie die Sätze neu, indem Sie geeignete Wörter hinzufügen.**

später | am Ende | zuerst | zu Beginn | anschließend | dann | schließlich | am Anfang | zunächst | bevor | am Schluss | danach | endlich | während

Ich kam in die Umkleidekabine. Ich zog mich um. Ich ging in die Werkhalle. Ich ging durch die Halle. Ich hörte einen lauten Knall, sah aber nichts. Ich erfuhr, dass ein Gabelstapler umgekippt war.

/// Zeitform ///

Schreibe deinen Bericht in der Zeitform Präteritum (Vergangenheit). /

3 **Markieren Sie in den folgenden Sätzen die Präteritumsformen.**

A Ich zwickte die Kabel ab.

B Ich fasste in die Trommel.

C Sie etikettiert die Ware.

D Sie hat sich die Hand eingeklemmt.

E Er zog am Kabel.

F Die Palette kippt um.

4 **Markieren Sie die Verbformen (Formen des Tätigkeitsworts) und schreiben Sie die Sätze im Präteritum auf.**

A Im Praktikum lerne ich viele neue Dinge.
Im Praktikum lernte ich viele neue Dinge.

B Die Scheibe ist kaputt.
____

C Ich zeichne die Ware aus und lege sie in die Regale.
____

D Er schreibt den Bericht.
____

E Sie tippt den Preis.
____

F Sie empfängt die Patienten.
____

5 **Verfassen Sie mit den folgenden Angaben einen ausführlichen Tagesbericht über das Praktikum. Sie können die Angaben ergänzen.**

Praktikum bei Homann Mode in Soltau

Dienstag, 16. Oktober 20XX
7 Uhr Arbeitsbeginn – Waren im Lager annehmen – die Waren auspacken und auf Vollständigkeit überprüfen – eventuelle Beschädigungen auf dem Lieferschein notieren – die neue Ware im Ladengeschäft einsortieren – Regale auf falsch einsortierte Ware überprüfen – nicht etikettierte Ware ins Lager bringen und neue Etiketten drucken – Aktionsware mit neuen Preisschildern bekleben – Arbeitsende 14:30 Uhr

6 **Schreiben Sie auf der Grundlage der Geschichte von Lukas (siehe Aufgabe 1, Seite 26) einen Unfallbericht für die Berufsgenossenschaft.**

7 **Vervollständigen Sie die Texte in den Sprechblasen und malen Sie Ihr Gesicht aus. Die gesuchten Begriffe sind jeweils spiegelverkehrt geschrieben.**

A
In einem Bericht beantworte ich die
______________.
W-Fragen

C
Über Vorgänge berichte ich in der
______________ ______________
Abfolge.
richtigen zeitlichen

B
Meine Berichte sind immer
______________ geschrieben.
sachlich

D
Meinen Bericht verfasse ich in der Vergangenheit, dem
______________.
Präteritum

Was ich kann und noch besser können möchte

1 **Machen Sie den folgenden Test.**

	Aussage	stimmt	stimmt nicht
1	Ein Bericht informiert und erzählt nicht.		
2	Je nach Situation beantwortet man nicht alle W-Fragen in einem Bericht.		
3	Die Ausführlichkeit des Berichts hängt vom Empfänger ab.		
4	Das „Was?" in einem Bericht besteht nur aus ein bis zwei Sätzen.		
5	In einem Bericht wird keine persönliche Meinung wiedergegeben.		
6	Man schreibt den Bericht lebhaft, sodass sich der Leser bildlich vorstellen kann, was geschehen ist.		
7	Ein Bericht ist immer sachlich geschrieben.		
8	Ein Bericht beginnt immer mit einer längeren Einleitung.		
9	Die richtige zeitliche Reihenfolge in einem Bericht ist sehr wichtig.		
10	Die zeitliche Abfolge sollte man nicht mit Wörtern wie z. B. „zunächst", „dann" usw. verdeutlichen.		
11	Ein Bericht ist immer im Präteritum verfasst.		
12	Ein Praktikumsbericht ist genauso kurz wie ein Notruf.		

2 **Vergleichen Sie Ihre Ergebnisse mit der Lösung auf Seite 137.**

3 **Füllen Sie die folgenden Sprechblasen aus.**

✓ Das kann ich gut:

____

____

____

Das möchte ich noch besser können:

____

____

____

Vorschläge für Projektarbeiten

- → Eine Fotodokumentation zu einem erfundenen Unfall erstellen (nur W-Fragen, wenn möglich nur sechs Bilder)
- → Eine Gerichtsshow gestalten, in der zwei Zeugen unterschiedlich aussagen
- → Einen Bericht zu einer Sport- oder Musikveranstaltung verfassen

Musteraufsatz: Einen Zeitungsbericht verfassen

1 **Lesen Sie die Angaben zur Situation.**

Situation:
Sie machen ein Praktikum bei einer Zeitung und begleiten den Journalisten. Er hat von der Feuerwehr von einem Ereignis erfahren und sich einige Notizen dazu gemacht. Er bittet Sie nun, die Stichworte (siehe Aufgabe 2) zu einem Zeitungsbericht zusammenzufassen.

2 **Verfassen Sie mithilfe der Notizen den Zeitungsbericht.**

Feuer in Gartenlaube des Waldgartenvereins / Jugendliche (3 Jungen, 2 Mädchen, Alter 16–19) / Grillabend im Garten eines Vaters / flüssiger Grillanzünder auf glühende Kohle gespritzt / Stichflamme / Gartenlaube abgebrannt / 2 Löschzüge / Berner Str. für 3 Stunden gesperrt / 3 Leichtverletzte (Jugendliche) / ein Mädchen mit Schock ins Krankenhaus / Schaden ca. 10 000 € / Uhrzeit 22:10 Uhr / Datum: Sonntag, 12.07.

Musterlösung

Grillabend mit Folgen[1]

Gestern Abend[2] ereignete sich ein Brand[2] in der Gartenkolonie des Waldgartenvereins[2].

Fünf Jugendliche feierten[3] in einem der Gärten in der Kolonie eine Grillparty. Gegen 22:10 Uhr spritzte einer der Jugendlichen auf die glühende Kohle im Grill flüssigen Grillanzünder[4]. Daraufhin[5] gab es eine Stichflamme, die die Gartenlaube in Brand setzte. Die mit zwei Löschzügen angerückte Feuerwehr konnte nicht verhindern, dass die Gartenlaube vollständig abbrannte. Das Ergebnis dieses Grillabends war eine Vollsperrung der Berner Straße[6] bis in die frühen Morgenstunden. Drei der Jugendlichen wurden bei dem Vorfall leicht verletzt[6], ein Mädchen der Partygesellschaft musste mit einem Schock ins Krankenhaus gebracht werden. Es entstand ein geschätzter Sachschaden von 10 000 €[6].

1 *Titel: Finden Sie eine passende Überschrift, die das Wesentliche in wenigen Worten zusammenfasst. Beachten Sie, dass es wichtig ist, genau für Ihre Adressaten zu schreiben. In einer Zeitungsmeldung dürfen Sie auch so schreiben, dass der Leser Lust bekommt, die gesamte Meldung zu lesen.*

2 *W-Fragen: Beantworten Sie in einem Bericht immer die W-Fragen. Beginnen Sie bei einem Zeitungsbericht mit „Wann?", „Wo?" und „Was?".*

3 *Zeitform: Schreiben Sie Ihren Bericht im Präteritum (Vergangenheit).*

4 *Sachlicher Stil: Geben Sie den genauen Vorgang so kurz wie möglich, aber so ausführlich wie nötig in ganzen Sätzen wieder. Der Stil ist sachlich.*

5 *Abfolge des Geschehens: Beschreiben Sie die Ereignisse, die unmittelbar, d. h. direkt, mit dem Hauptereignis in Zusammenhang stehen, und achten Sie auf die richtige Reihenfolge. Benutzen Sie Wörter, die die zeitliche Abfolge verdeutlichen.*

6 *Nennen Sie auch die Folgen, die das Ereignis verursacht.*

Musteraufsatz: Einen Praktikumsbericht schreiben

1 **Verfassen Sie einen ausführlichen Praktikumsbericht über ein Praktikum, das Sie absolviert haben.**

Musterlösung

Mein Praktikum in der Kindertagesstätte Mühlacker[1]

Praktikumsbericht von Pascal Theuer
Dauer: 5 Tage, 15.–19.XX.20XX, gesamt 25 Stunden
Beruf: Erzieher
Betreuerin: Sabine Seemann[2]

Ich habe mein einwöchiges Betriebspraktikum für den Beruf des Erziehers[3] in der Kindertagesstätte Mühlacker[3] absolviert. Täglicher Arbeitsbeginn war 7:30 Uhr und Arbeitsende 12:30 Uhr.[3] In der Kindertagesstätte gibt es 6 Gruppen mit jeweils 18 Kindern von 2 bis 6 Jahren[3]. Ich war zusammen mit drei Kolleginnen für eine Gruppe zuständig[3].
Am ersten Tag meiner Praktikumswoche zeigte mir meine Betreuerin alle Räume der Einrichtung und erklärte mir meine Aufgaben. Meine Hauptaufgaben in dieser Woche waren, gemeinsam mit den Erzieherinnen auf die Kinder aufzupassen und mich um sie zu kümmern.[4]
Jeder Tag begann morgens mit dem Morgenkreis, in dem man sich gegenseitig begrüßte und gemeinsam Lieder sang. Hier erklärten die Erzieherinnen den Kindern, was an dem jeweiligen Tag unternommen wurde.[5]
Nachdem wir am ersten Tag im Garten geblieben waren, unternahmen wir am zweiten Tag nach dem Morgenkreis einen Ausflug in die nahe gelegene Sporthalle der Grundschule. Dort bauten wir für die Kinder Hindernisse aus Bänken, Böcken, Kästen und Klettergerüsten auf, die sie überwinden mussten. Hier musste man die Kinder gut beaufsichtigen, damit kein Unfall passierte.[5]
Am Mittwoch machten wir einen Ausflug zu einem Spielplatz im Wald. Dazu nahmen wir den Bus und achteten darauf, dass die Kinder alle in den Bus einstiegen. Am Spielplatz angekommen, durften die Kinder spielen und toben. Gegen Mittag wurden dann manche Kinder von ihren Eltern bereits am Spielplatz abgeholt, die übrigen fuhren mit uns wieder zur Kindertagesstätte zurück.[5]
Der Donnerstag war ein Gartentag, das heißt, die Kinder spielten im Garten oder auch in der Kindertagesstätte. An diesem Tag las ich unterschiedlichen Gruppen von Kindern circa 2 Stunden lang Geschichten vor.[5]
Am letzten Tag meines Praktikums kam der Fotograf in die Kindertagesstätte. Ich musste den Kindern zum Beispiel die Nase putzen und die Haare kämmen, bevor es zum Fotografieren ging. Am Ende wurde ein Gruppenfoto gemacht, auf dem ich auch sein durfte.[5]
Mir hat mein Praktikum in der Kindertagesstätte sehr gut gefallen[6a] und ich habe eine Menge über den Beruf des Erziehers erfahren. Es ist sehr anstrengend, mit kleinen Kindern zu arbeiten[6b], weil man immer aufpassen muss, dass ihnen nichts passiert. Außerdem habe ich gelernt, dass man mit Kindern anders sprechen muss als mit Erwachsenen und dass man mit Kindern auch viel Geduld haben muss.[6b]
Ich finde den Beruf des Erziehers sehr interessant und kann mir gut vorstellen, in diesem Beruf zu arbeiten.[6c]

1 ***Titel:*** *Finden Sie eine passende Überschrift für Ihr Praktikum.*

2 *Geben Sie anschließend die wichtigsten Informationen stichwortartig an.*

3 ***W-Fragen:*** *Beginnen Sie Ihren Bericht mit der Angabe der Dauer des Praktikums (Wie lange?), des Berufs (Was?) und dem Ort (Wo?). Die Reihenfolge dieser Angaben kann sich ändern. Nennen Sie danach die täglichen Arbeitszeiten (Wann?). Geben Sie anschließend die notwendigen Informationen zu Ihrem Praktikumsbetrieb, zu Ihren Kollegen oder auch zu den Produkten, die der Betrieb herstellt.*

4 *Nennen Sie Ihre Hauptaufgaben während des Praktikums.*

5 *Berichten Sie darüber, was Sie an den einzelnen Tagen getan haben. Wenn es in der Aufgabe gefordert wird, schreiben Sie ausführlich über jeden Tagesablauf.*

6 *Schreiben Sie am Ende,*
- *ob Ihnen das Praktikum gefallen hat (a),*
- *was Sie gelernt haben (b) und*
- *ob Sie sich vorstellen können, in diesem Beruf später einmal zu arbeiten (c).*

Was Beschreiben mit mir zu tun hat

A **Mike:** Vorgestern sollte ich einen Ladendieb beschreiben – das war echt schwierig! Ich konnte mich nur an seine auffallende knallrote Jacke erinnern.

B **Mesut:** Mitten in der Nacht hatte ich neulich meine Mutter am Handy: Ein Plattfuß am Auto! Ich konnte ihr tatsächlich genau beschreiben, wie man ein Ersatzrad montiert. Das hatte ich kurz vorher nämlich in meinem Praktikumsbericht Schritt für Schritt getan.

C **Tina:** Ich hatte meinen Rucksack im Zug vergessen und sollte ihn dann beschreiben. Inhalt und Marke? Kein Problem! Aber: Besondere Merkmale? Keine Ahnung!

D **Kevin:** Die Montageanleitung für mein neues Bett war total kompliziert geschrieben. Völlig unlogisch und überhaupt keine Abbildungen – ätzend!

E **Viktor:** Heute Abend werde ich mein neues Regal zusammenschrauben. Ich bin gespannt, was die Aufbauanleitung taugt. Sie enthält nämlich nur Zeichnungen und Ziffern.

F **Ich:**

____

____

____

1 **a) Lesen Sie die Texte in den Sprechblasen.**
b) Markieren Sie Stellen, an denen Sie etwas über das Beschreiben erfahren (siehe Beispiel in A).
c) Schreiben Sie Ihre Erfahrungen mit dem Beschreiben in die leere Sprechblase F.

2 **Stellen Sie vor, was Sie in Aufgabe 1b) markiert haben.**

3 **a) Wählen Sie eine Sprechblase aus, über die Sie reden wollen.**
b) Stellen Sie hierzu eine Frage, die Sie gerne beantwortet haben möchten, und beantworten Sie die Fragen anderer.

4 **a) Kreisen Sie drei Merkmale (spiegelverkehrt geschrieben) ein, die für Sie in erster Linie eine gute Beschreibung ausmachen.**

verständlich ist | logisch aufgebaut ist | genau ist | einfach formuliert ist | Abbildungen enthält | sachlich informiert | keine Fehler enthält

b) Ergänzen Sie den Satz mit den Merkmalen.

Zu den wichtigsten Merkmalen einer guten Beschreibung gehört meiner Meinung nach, dass sie

____

____

Wie man Vorgänge beschreibt

/// Aufbau und Zeitform ///

Gib deiner Beschreibung eine Überschrift und liste zu Beginn die benötigten Materialien, Hilfsmittel und Werkzeuge auf. Achte darauf, dass du die einzelnen Arbeitsschritte in der richtigen Reihenfolge beschreibst. /
Verwende als Zeitform das Präsens (Gegenwart). /

1 a) **Lesen Sie die noch ungeordneten Arbeitsschritte durch und legen Sie die richtige Reihenfolge fest.**

b) **Notieren Sie eine passende Überschrift.**

____

Benötigt werden: Ersatzrad, Wagenheber, Schraubenschlüssel, Drehmomentschlüssel

A	Das defekte Rad abnehmen	
B	Die Radschrauben leicht lockern (höchstens eine halbe Drehung!)	
C	Den Wagenheber an der dafür vorgesehenen Stelle ansetzen	
D	Das Auto auf einer ebenen Fläche abstellen, Gang einlegen und Handbremse anziehen	*1.*
E	Das Ersatzrad auf die Radnabe schieben und nur handfest anschrauben	
F	Das Auto absetzen	
G	Alle Radschrauben herausdrehen	
H	An der nächstgelegenen Tankstelle den Reifendruck des montierten Ersatzrades prüfen	
I	Den Wagenheber herunterkurbeln	
J	Das Auto hochkurbeln	
K	Nach 50 km den festen Sitz aller Radschrauben erneut kontrollieren	
L	Nach dem Absetzen die Radschrauben mit einem Drehmomentschlüssel fest anziehen	

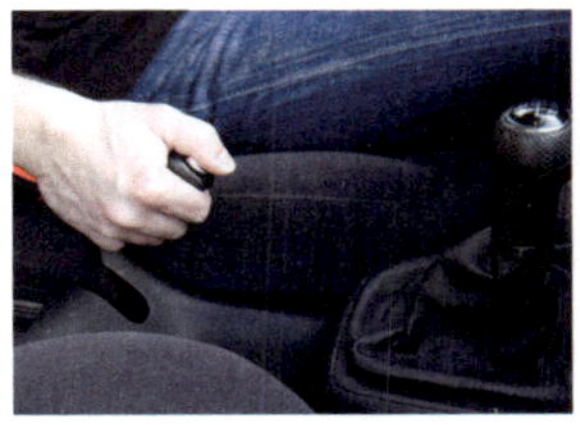

2 **Markieren Sie die Verbformen (Formen des Tätigkeitsworts) und notieren Sie diese im Präsens.**

A Er maß die Länge des benötigten Leders. *er misst*

B Er zeichnete die Maße auf. ______

C Er schnitt mit dem Messer die Kante entlang. ______

D Er legte das ausgeschnittene Teil auf die Armlehne. ______

E Er hielt das Lederteil mit beiden Händen. ______

F Er zog an den Enden. ______

G Er nähte die Teile zusammen. ______

/// Schreibform ///

Wenn du jemanden direkt ansprechen willst, ist die Form „du" (unter Freunden) beziehungsweise „Sie" sinnvoll. /
Meistens wird als Schreibform jedoch die man-Form oder das Passiv (Leideform) verwendet. /

3 **Formulieren Sie die Sätze**
a) **in der man-Form,**

b) **im Passiv Präsens.**

A Du kurbelst den Wagenheber herunter.
→ *Man kurbelt den Wagenheber herunter.*
→ *Der Wagenheber wird heruntergekurbelt.*

B Du setzt das Auto ab.

C Du ziehst die Radschrauben an.

D Du prüfst den Reifendruck.

E Du kontrollierst den festen Sitz der Radschrauben.

/// Aktiv (Tatform)/ Passiv ///

Verwende das Aktiv, wenn es bedeutsam ist zu wissen, wer etwas tut. /
Ist es nicht bedeutsam, den Handelnden zu nennen, verwende das Passiv. Nutze zur Bildung des Passivs die gebeugte Form des Hilfsverbs „werden" und das Partizip (Mittelwort) des Vollverbs. /

4 a) **Formen Sie die Sätze ins Passiv Präsens um.**

b) **Markieren Sie das Hilfsverb (im Beispiel gelb markiert) und das Partizip (rot markiert) unterschiedlich.**

A Zuerst stellt man das Auto auf einer ebenen Fläche ab.
Das Auto wird auf einer ebenen Fläche abgestellt.

B Dann zieht man die Handbremse an und legt den Gang ein.

C Man löst die Radschrauben leicht mit höchstens einer halben Umdrehung.

D Den Wagenheber setzt man an der dafür vorgesehenen Stelle an.

E Dann kurbelt man das Auto hoch.

F Anschließend dreht man alle Radschrauben heraus.

G Daraufhin nimmt man das defekte Rad ab.

H Man schiebt das Ersatzrad auf die Radnabe und schraubt es nur handfest an.

Wie man eine Beschreibung sprachlich gestaltet

/// Sachlich geschriebene Sätze ///

Beschreibe sachlich und in vollständigen Sätzen, also mindestens mit Subjekt (Satzgegenstand) und Prädikat (Satzaussage). /

1 a) **Bilden Sie Sätze aus den Stichworten. Verwenden Sie „man" als Subjekt und die Zeitform Präsens.**

b) **Markieren Sie in Ihren Sätzen das Subjekt und das Prädikat wie im Beispiel (A) gezeigt.**

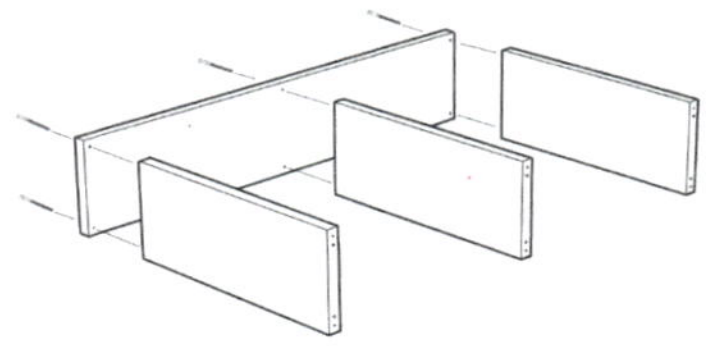

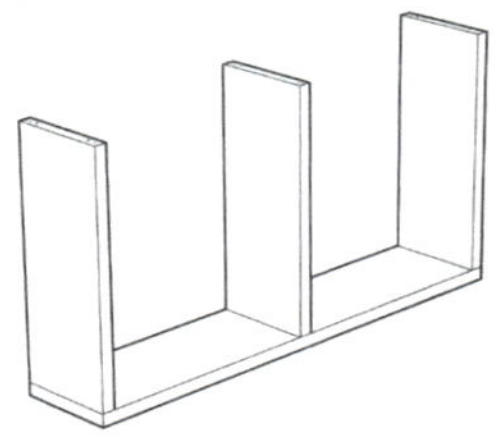

A Ein Seitenteil des Regals auf seine Längskante stellen
Man stellt ein Seitenteil des Regals auf seine Längskante.

B Den obersten Regalboden mit den langen Schrauben an dem Seitenteil befestigen

C Den untersten und den mittleren Boden ebenfalls am Seitenteil festschrauben

D Das Seitenteil mit den daran festgeschraubten Regalböden flach auf den Boden legen

E Das zweite Seitenteil auf die senkrecht nach oben zeigenden Regalböden legen

/// Verbindungswörter ///

Mache mit Adverbien (Umstandswörtern) und Konjunktionen (Bindewörtern) die zeitliche Abfolge der Einzelschritte des Vorgangs deutlich. /

2 **Fügen Sie die Adverbien und Konjunktionen sinnvoll ein.**

Adverbien: ~~ebenfalls~~ so anschließend abschließend nun

Konjunktionen: und dass bevor und wenn und damit

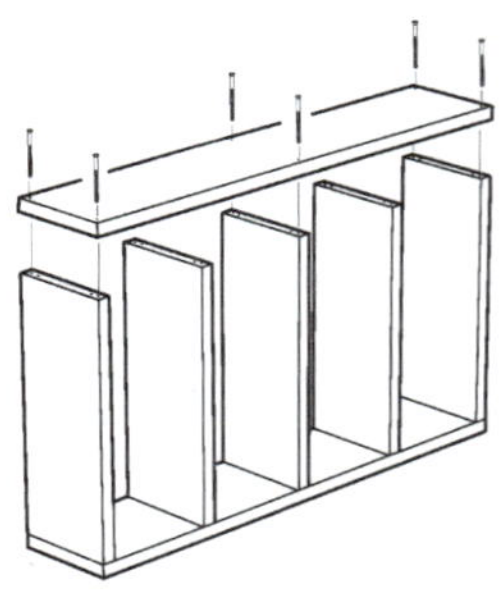

A Das zweite Seitenteil befestigt man mithilfe von Schrauben *ebenfalls* an den Regalböden.

B ____________________ dreht man das Regal auf seine Stirnseite ________ legt die Regalrückwand bündig darauf.

C ____________ die Rückwand festgenagelt wird, wird die Stärke der Seitenteile und Regalböden mit einem Bleistift auf der Rückwand markiert.

D ______ kann man vermeiden, ________ die Nägel in den Innenraum des Regals getrieben werden.

E __________ die Rückwand festgenagelt ist, wird das Regal aufrecht hingestellt ________ mit dem Inbusschlüssel werden alle Schrauben nachgezogen.

F ________ steckt man die Bodenträger in die vorgebohrten Löcher ____________ legt die beiden Einlegeböden darauf.

G Das fertige Regal wird ______________________________ mit einem Winkelverbinder an der Wand befestigt, __________ es nicht nach vorne kippen kann.

/// Satzbau ///

Bringe Abwechslung in deine Sätze. Du kannst zum Beispiel den mit einer Konjunktion eingeleiteten Nebensatz auch dem Hauptsatz voranstellen, auf den er sich bezieht. /

3 **Formen Sie die folgenden Sätze so um, dass der mit der Konjunktion eingeleitete Nebensatz vorne steht.**

Beispiel:
Sie überprüft die Lieferung sehr sorgfältig, bevor sie mit dem Aufbau des Regals beginnt.
Bevor sie mit dem Aufbau des Regals beginnt, überpüft sie die Lieferung sehr sorgfältig.

A Du benötigst eine Bohrmaschine, weil nicht alle Löcher vorgebohrt sind.

B Man sollte passende Schraubendreher verwenden, damit die Schlitze nicht ausreißen.

C Schrauben lassen sich leichter eindrehen, wenn man sie vorher einfettet.

4 **Schreiben Sie eine Anleitung zu einer Tätigkeit, die Sie schon einmal ausgeführt haben.**

5 **Vervollständigen Sie die Texte in den Sprechblasen und malen Sie Ihr Gesicht aus. Die Lösungen finden Sie jeweils spiegelverkehrt unter den Sprechblasen.**

A
Bei einer Vorgangsbeschreibung werde ich die ______________ ____________ der Arbeitsschritte beachten.

zeitliche Abfolge

C
Beim schriftlichen Beschreiben werde ich die ____________ oder das ____________ bevorzugen und als Zeitform das ______________ verwenden.

man-Form Passiv Präsens

B
Die Beschreibung versehe ich mit einer ______________________ und schreibe ______________.

Überschrift sachlich

D
Ich werde im Satzbau ______________ und die zeitliche Abfolge der beschriebenen Einzelschritte mit ______________ und ______________________ verdeutlichen.

abwechseln Adverbien Konjunktionen

Was ich kann und noch besser können möchte

1 **Machen Sie den folgenden Test.**

	Aussage	stimmt	stimmt nicht
1	Über eine Vorgangsbeschreibung schreibt man eine Überschrift.		
2	Benötigte Materialien und Werkzeuge braucht man nicht zu nennen.		
3	Die Reihenfolge der Arbeitsschritte in einer Beschreibung einzuhalten, ist nicht so wichtig, weil sie jeder kennt.		
4	Die richtige Reihenfolge der Arbeitsschritte ist Voraussetzung dafür, dass die Beschreibung sinnvoll verwendet werden kann.		
5	Eine Beschreibung verfasst man immer im Passiv.		
6	Der Satz „Man schraubt das Seitenteil fest." enthält Subjekt und Prädikat.		
7	Vorgangsbeschreibungen werden im Präsens geschrieben.		
8	„Das Rad wird gewechselt." ist ein im Präsens und Passiv geschriebener Satz.		
9	Das Passiv wird mit dem Hilfsverb „werden" und dem Partizip des zugehörigen Vollverbs gebildet.		
10	Konjunktionen verbinden Sätze.		
11	Adverbien (z. B. „zuerst" oder „danach") können nicht nur am Satzanfang stehen.		
12	Wenn ich die Reihenfolge von Einzelwörtern und Satzgliedern in den Sätzen häufig verändere, wird meine Beschreibung eintönig.		

2 **Vergleichen Sie Ihre Ergebnisse mit der Lösung auf Seite 137.**

3 **Füllen Sie die folgenden Sprechblasen aus.**

✓ Das kann ich gut:

____

____

____

Das möchte ich noch besser können:

____

____

____

Vorschläge für Projektarbeiten

- Von einem Vorgang (z. B. Moped-Reifen wechseln) einen Film drehen und auf YouTube hochladen
- Ein Modell bauen und damit erklären, warum es abends dunkel wird
- Alle Arbeitsvorgänge eines Kochrezepts arbeitsteilig beschreiben und dann gemeinsam kochen
- Den Videofilm zum Vorgang „Flasche mit einem Blatt Papier öffnen" googeln und diesen Vorgang so beschreiben, dass ihn jemand ausführen kann

Muster und Übungen: Aktiv/Passiv

Person	Singular (Sg.)/ Einzahl – Plural (Pl.)/ Mehrzahl		Aktiv (Tätigkeitsform)	Passiv (Leideform) – schwache Verben –	Passiv – starke Verben –
			Präsens (Gegenwart)		
1.	Sg.	ich	lobe	werde gelobt	werde gesehen
2.	Sg.	du	lobst	wirst gelobt	wirst gesehen
3.	Sg.	er/sie/es	lobt	wird gelobt	wird gesehen
1.	Pl.	wir	loben	werden gelobt	werden gesehen
2.	Pl.	ihr	lobt	werdet gelobt	werdet gesehen
3.	Pl.	sie	loben	werden gelobt	werden gesehen
			Präteritum (Vergangenheit)		
1.	Sg.	ich	lobte	wurde gelobt	wurde gesehen
2.	Sg.	du	lobtest	wurdest gelobt	wurdest gesehen
3.	Sg.	er/sie/es	lobte	wurde gelobt	wurde gesehen
1.	Pl.	wir	lobten	wurden gelobt	wurden gesehen
2.	Pl.	ihr	lobtet	wurdet gelobt	wurdet gesehen
3.	Pl.	sie	lobten	wurden gelobt	wurden gesehen
			Futur I (Zukunft)		
1.	Sg.	ich	werde loben	werde gelobt werden	werde gesehen werden
2.	Sg.	du	wirst loben	wirst gelobt werden	wirst gesehen werden
3.	Sg.	er/sie/es	wird loben	wird gelobt werden	wird gesehen werden
1.	Pl.	wir	werden loben	werden gelobt werden	werden gesehen werden
2.	Pl.	ihr	werdet loben	werdet gelobt werden	werdet gesehen werden
3.	Pl.	sie	werden loben	werden gelobt werden	werden gesehen werden
			Perfekt (Vollendete Gegenwart)		
1.	Sg.	ich	habe gelobt	bin gelobt worden	bin gesehen worden
2.	Sg.	du	hast gelobt	bist gelobt worden	bist gesehen worden
3.	Sg.	er/sie/es	hat gelobt	ist gelobt worden	ist gesehen worden
1.	Pl.	wir	haben gelobt	sind gelobt worden	sind gesehen worden
2.	Pl.	ihr	habt gelobt	seid gelobt worden	seid gesehen worden
3.	Pl.	sie	haben gelobt	sind gelobt worden	sind gesehen worden
			Plusquamperfekt (Vollendete Vergangenheit)		
1.	Sg.	ich	hatte gelobt	war gelobt worden	war gesehen worden
2.	Sg.	du	hattest gelobt	warst gelobt worden	warst gesehen worden
3.	Sg.	er/sie/es	hatte gelobt	war gelobt worden	war gesehen worden
1.	Pl.	wir	hatten gelobt	waren gelobt worden	waren gesehen worden
2.	Pl.	ihr	hattet gelobt	wart gelobt worden	wart gesehen worden
3.	Pl.	sie	hatten gelobt	waren gelobt worden	waren gesehen worden
			Futur II (Vergangene Zukunft)		
1.	Sg.	ich	werde gelobt haben	werde gelobt worden sein	werde gesehen worden sein
2.	Sg.	du	wirst gelobt haben	wirst gelobt worden sein	wirst gesehen worden sein
3.	Sg.	er/sie/es	wird gelobt haben	wird gelobt worden sein	wird gesehen worden sein
1.	Pl.	wir	werden gelobt haben	werden gelobt worden sein	werden gesehen worden sein
2.	Pl.	ihr	werdet gelobt haben	werdet gelobt worden sein	werdet gesehen worden sein
3.	Pl.	sie	werden gelobt haben	werden gelobt worden sein	werden gesehen worden sein

Hinweis (Verben ohne **ge-**):
- Verben mit der Endung -ieren: *studiert werden*
- Verben mit den Präfixen/Vorsilben be-, ge-, er-, ver-, zer-, ent-, emp-, miss-: *missverstanden werden*

1 **Setzen Sie die folgenden Sätze ins Passiv (Zeitform: Präsens).**

A Der Arbeiter[3] stellt[2] die Maschine[1] ein[2].

Die Maschine[1] wird[2] (vom Arbeiter)[3] eingestellt[2].

B Man füllt den Becher bis zum Rand.

C Sie verschließen den Eimer ganz dicht.

D Zuerst fettet er die Form ein.

E Im gleichen Moment öffnet ein anderer den Verschluss.

1 *Markieren Sie das **Akkusativ-Objekt** (die Satzergänzung im 4. Fall – Frage: Wen oder was?). Dieses wird im Passiv zum Subjekt (Satzgegenstand im 1. Fall – Frage: Wer oder was?).*

2 *Verwenden Sie bei der Umwandlung ins Passiv die **gleiche Zeitform** wie im Aktiv (wenn nicht anders verlangt).*

3 *Häufig wird die **handelnde Person** im Passiv nicht genannt.*

2 **Wandeln Sie die Sätze ins Präsens Passiv um.**

A Alle lobten unsere Arbeit.

B Die Angestellte überträgt die Ergebnisse auf eine neue Liste.

C Der Fahrer hat den Reifendruck überprüft.

D Gleich wird er den Computer ausschalten.

E Wir werden dieses Verfahren auch in Zukunft anwenden.

3 **Setzen Sie die Sätze in der gleichen Zeitform ins Passiv.**

A Der Geselle wies auf den Fehler hin.

B Einiges änderte er noch.

C Der Meister wird das mit Freude sehen.

D Nach und nach haben sie noch vieles verbessert.

E Wir hatten die Zeit sinnvoll genutzt.

5 Sich informieren

Was Informieren mit mir zu tun hat

A **Yasar:** In Büchern suche ich selten etwas. Es steht doch heute sowieso alles im Internet.

B **Isabelle:** Ich finde es ziemlich umständlich, in Wörterbüchern zu suchen. Da suche ich immer ewig.

C **Dunja:** Wenn ich ein Wort nachschlagen will, nehme ich einfach das Wörterbuch zur Hand und muss nicht warten, bis ich endlich den Computer hochgefahren habe.

D **Konstantin:** Meine Mutter hat neulich eine Wegbeschreibung gesucht. Da war das Internet zu ungenau und sie musste dort anrufen.

E **Milan:** Ich habe im Internet auch richtige UFOs gesehen. Da gibt es ein Video.

F **Ich:**

____

____

____

1 a) Lesen Sie die Texte in den Sprechblasen und ergänzen Sie selbst einen Text in der leeren Sprechblase, der Ihre persönliche Erfahrung mit der Informationsbeschaffung verdeutlicht.
b) Markieren Sie in den Texten, was Sie über die Informationsbeschaffung erfahren (siehe Beispiel in A).

2 Tragen Sie vor, was Sie in Aufgabe 1b) markiert haben.

3 a) Wählen Sie eine Sprechblase aus, über die Sie reden wollen.
b) Stellen Sie hierzu eine Frage, die Sie gerne beantwortet haben möchten, und beantworten Sie die Fragen anderer.

4 a) Kreisen Sie drei Gesichtspunkte (spiegelverkehrt geschrieben) ein, die Ihrer Meinung nach eine gute Informationsbeschaffung auszeichnen.

tetiebra nrehcübretröW tim

tgälhcshcan akixeL ni | thcirps nenefforteB tim

treihcrehcer tenretnI mi | treiton nebagnanelleuQ

treisilausiv essinbegrE

b) Notieren Sie die drei Gesichtspunkte.

Für mich gehört zu einer guten Informationsbeschaffung in erster Linie, dass man

____

____

Wie man Wörterbücher benutzt

/// Wörterbücher ///

Benutze Wörterbücher, falls du Zugang dazu hast. Wähle das jeweils passende Wörterbuch aus. /

1 **Notieren Sie, zu welchen Bereichen es Wörterbücher gibt. Fügen Sie dazu die passenden Vokale ein.**

1 Rchtschrbng ______
2 Hrknft ______
3 Bdtng ______
4 Ztt ______
5 Grmmtk ______
6 Frmdwrtr ______
7 Rdwndngn ______
8 ssprch ______
9 Snnm ______

2 **Entscheiden Sie, welches Wörterbuch Sie für die folgenden Situationen benutzen können. Notieren Sie hierzu die jeweilige Ziffer aus Aufgabe 1.**

A	Sie möchten wissen, wie das Wort „Revolverdreher" entstanden ist.	*2*
B	Sie wollen wissen, wie es zu dem Spruch „Dumm wie Bohnenstroh" kam.	
C	Sie suchen den Ausspruch einer berühmten Person zum Thema Lernen.	
D	Sie möchten sicher sein, wie man das Wort „Asphaltbauer" betont.	
E	Was versteht man unter dem Fremdwort „Pharmakant"?	
F	Wie kann man den Begriff „Weg" ersetzen?	
G	Schreibt man „Orthopädieschuhmacher" oder „Ortopädieschuhmacher"?	
H	Sie möchten wissen, was das Wort „Sattler" bedeutet.	
I	Zu welcher Wortart zählt das Wort „obwohl"?	

3 **Kreuzen Sie an, welche Informationen Sie im Wörterbuch „Rechtschreibung" finden.**

		findet man sicher	findet man teilweise	findet man nicht
A	Fremdwörter			
B	Synonyme			
C	Sprichwörter			
D	Genitivbildung			
E	Aussprache			
F	Worterklärungen			
G	Rechtschreibung			
H	Grammatikalische Fachausdrücke			
I	Hinweise zur Umgangssprache			
J	Wortherkunft			
K	Rechtschreibregeln			

/// Finden nach Alphabet ///

Damit du schnell etwas findest, solltest du dich im Umgang mit der alphabetischen Reihenfolge fit machen. /

4 **Schreiben Sie die folgenden Begriffe in der alphabetisch richtigen Reihenfolge auf.**

Maler, Leuchtröhrenglasbläser, Verkäufer, Kaufmann, Asphaltbauer, Tankwart, Sattler, Edelsteinschleifer, Polsterer, Informatikkauffrau, Objektbeschichter, Winzer, Bauzeichner, Zahntechniker, Bäcker, Maskenbildner, Gerüstbauer, Drahtzieher, Handschuhmacher, Raumausstatter

5 **Notieren Sie jeweils das Wort, das alphabetisch zwischen die vorgegebenen Begriffe passt.**

A Drechsler, ______________________________, Drucker

Drahtzieher | Destillateur | Drogist | Drahtwarenmacher | Diamantschleifer

B Mechatroniker, ______________________________, Medienkaufmann

Metallbauer | Mediengestalter | Metallbildner | Metallschleifer | Mechaniker

C Schornsteinfeger, ______________________________, Seiler

Segelmacher | Siebdrucker | Schleifer | Schädlingsbekämpfer | Schäfer

/// Wortangaben ///

Nutze das Wörterbuch zur Rechtschreibung voll aus und gib nicht auf, wenn du ein Wort nicht gleich findest. /

6 **Benutzen Sie ein Rechtschreibwörterbuch und unterstreichen Sie die richtige Schreibweise.**

A Ordopädie / Ortopädie / Orthopädie / Orthobädie / Orthopedie

B Farmakant / Pfarmakant / Pharmakant / Pharmagant / Phamagant

C Kraveur / Grahveur / Graveur / Grawöhr / Grafeur

7 **Füllen Sie die folgende Tabelle mithilfe eines Wörterbuches aus.**

		Artikel	Genitiv	Plural	Wortbedeutung
A	Gleis	*das Gleis*	*des Gleises*	*die Gleise*	*Fahrspur für Schienenfahrzeuge*
B	Hotel				
C	Kanal				
D	Metall				
E	Wärme				

Wie man verlässliche Informationen findet

/// Wikipedia ///

Wikipedia kann in den meisten Fällen Ausgangspunkt deiner Informationsbeschaffung sein. Verschaffe dir einen Überblick über den gefundenen Artikel. /

1 **Ergänzen Sie den folgenden Text mit den Wörtern in Klammern (spiegelverkehrt geschrieben). Schreiben Sie die Substantive (Hauptwörter) groß.**

Wikipedia ist ein *Lexikon* (lexikon), das im Internet abrufbar ist. Es wird von den ________________ (nutzern) selbst erstellt. Jeder kann in Wikipedia ________________ (artikel) schreiben oder verändern. Dennoch ist durch die ________________ (kontrolle) von vielen die inhaltliche Qualität sehr hoch.

Wenn Sie einen interessanten Artikel durch Eingabe eines Suchbegriffes gefunden haben, sehen Sie an oberster Stelle eine ________________ (kurzinformation), die auch ________________ (definitionen) des Begriffes beinhalten kann.

Danach können Sie sich anhand des ________________ (inhaltsverzeichnisses) einen Überblick über den Artikel verschaffen.

Im Artikel finden Sie auch ________________ (links), die zu anderen Wikipedia-Artikeln führen.

/// Suchstrategien ///

Meistens findest du im Internet Seiten, die das gesuchte Thema behandeln, wenn du treffende Begriffe in Suchmaschinen eingibst. Beachte aber, dass nicht alle Seiten im Internet sachlich und objektiv berichten. /

2 **Unterstreichen Sie jeweils den Begriff, der Ihrer Meinung nach am gebräuchlichsten ist. Überprüfen Sie Ihre Entscheidung durch die Suche im Internet.**

A Praktikumsplatz / Praktikumsstelle

B Lehrstelle / Ausbildungsplatz

C Beruf / Job

D Praktikumsangebote / Praktikumsbörse

3 **Schreiben Sie auf, welche Begriffe Sie in folgenden Situationen in einer Suchmaschine eingeben.**

Situation A:
Sie suchen Raumausstatterbetriebe in Düsseldorf, die auch polstern, um eine Initiativbewerbung für eine Praktikumsstelle zu machen. Sie wollen aber nicht zur Firma Becker, da Sie dort schon ein Praktikum gemacht haben.

Beispiel A: *Düsseldorf Raumausstatter Polstern -Becker*

Situation B:
Sie möchten sich über den Beruf und die Zukunftsaussichten des Fahrradmonteurs informieren.

Situation C:
Sie suchen Videos, in denen die Tätigkeiten eines Goldschmiedes dargestellt werden.

4 **Kreuzen Sie an, welchen (zum Teil erfundenen) Internetseiten Sie trauen können und welche Seiten nur mit Vorsicht zu genießen sind. Begründen Sie Ihre Einschätzung stichwortartig.**

	Domain	Kommentar	Vertrauens-würdig	Vorsicht!	Begründung
A	www.duesseldorfer-nachrichten.de	Umfangreicher Internet-auftritt, aktuell			
B	www.raumausstatterbecker.com	Darstellung des Unter-nehmens mit Fotos			
C	www.jobs.arbeit.vu	Kein Vermerk über Urheber bzw. Verantwortlichen (Impressum), Zugang zu Infos nur nach Eingabe der persönlichen Daten			
D	www.bloggs.raum-becker.de	Unrege mäßige Einträge			
E	www.bmwi.de/ausbildungsberufe	Sieht offiziell aus			

/// Sachbücher ///

Benutze Online-Buchhandlungen (z. B. Amazon), um einen ersten Überblick über Fachbücher zu erhalten. Gib bei deiner Suche treffende Begriffe ein, um zum gewünschten Fachbuch zu kommen. /

5 a) **Schreiben Sie auf, worin die Unterschiede der beiden Suchergebnisse bestehen und warum die Suchergebnisse so unterschiedlich ausgefallen sind.**

b) **Kreuzen Sie an, welches Buch (unabhängig vom Preis) sich als Geschenk für jemanden eignet, der in der Ausbildung zum Raumausstatter ist und der viel Freude an seiner Ausbildung hat. Begründen Sie Ihre Auswahl.**

A

"raumausstatter"
Verwandte Suchbegriffe: raumausstattung.
1-16 von 45 Ergebnissen — Wählen Sie zum Sortieren eine Kategorie

1. Fachwissen für Raumausstatter/-innen 1. Lehr- und Fachbuch von Walter Fritz (Gebundene Ausgabe - 10. März 2006)
Neu kaufen: EUR 43,95
23 neu ab EUR 43,95 6 gebraucht ab EUR 29,77
Lieferung bis Donnerstag, 30. Juni: Bestellen Sie innerhalb der nächsten 7 Stunden per Morning-Express.
Nur noch 12 Stück auf Lager - jetzt bestellen.
(1)
Kostenlose Lieferung möglich.
Bücher: Alle 443 Artikel ansehen

2. Fachpraxis Raumausstatter: Fachbuch von Gerhard Kohtz (Taschenbuch - September 2002)
Neu kaufen: EUR 34,95
22 neu ab EUR 30,00 3 gebraucht ab EUR 21,49
Lieferung bis Donnerstag, 30. Juni: Bestellen Sie innerhalb der nächsten 7 Stunden per Morning-Express.
Nur noch 3 Stück auf Lager - jetzt bestellen.
Kostenlose Lieferung möglich.
Bücher: Alle 443 Artikel ansehen

3. Fachwissen für Raumausstatter/-innen Band 2: Grunglagen textiler Werkstoffe, Farbenlehre, Raumgestaltung u.v.m von Walter Fritz (Gebundene Ausgabe - 10. Juli 2006)
Neu kaufen: EUR 35,95
23 neu ab EUR 35,95 5 gebraucht ab EUR 27,00
Lieferung bis Donnerstag, 30. Juni: Bestellen Sie innerhalb der nächsten 7 Stunden per Morning-Express.
Nur noch 8 Stück auf Lager - jetzt bestellen.
Kostenlose Lieferung möglich.
Bücher: Alle 443 Artikel ansehen

6 a) **Finden Sie ein interessantes Fachbuch zu Ihrem Hobby.**

b) **Erstellen Sie einen Wunschzettel, auf dem Sie begründen, warum Sie dieses Buch gerne hätten. Gehen Sie dabei auf die Beschreibungen und eventuell auf die Bewertungen ein.**

B

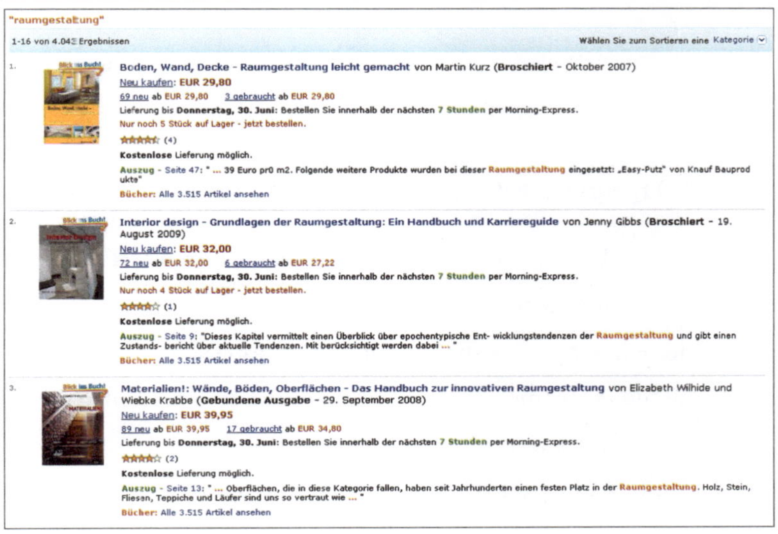

"raumgestaltung"
1-16 von 4.043 Ergebnissen — Wählen Sie zum Sortieren eine Kategorie

1. Boden, Wand, Decke - Raumgestaltung leicht gemacht von Martin Kurz (Broschiert - Oktober 2007)
Neu kaufen: EUR 29,80
69 neu ab EUR 29,80 3 gebraucht ab EUR 29,80
Lieferung bis Donnerstag, 30. Juni: Bestellen Sie innerhalb der nächsten 7 Stunden per Morning-Express.
Nur noch 5 Stück auf Lager - jetzt bestellen.
(4)
Kostenlose Lieferung möglich.
Auszug - Seite 47: " ... 39 Euro pr0 m2. Folgende weitere Produkte wurden bei dieser Raumgestaltung eingesetzt: „Easy-Putz" von Knauf Bauprod ukte"
Bücher: Alle 3.515 Artikel ansehen

2. Interior design - Grundlagen der Raumgestaltung: Ein Handbuch und Karriereguide von Jenny Gibbs (Broschiert - 19. August 2009)
Neu kaufen: EUR 32,00
72 neu ab EUR 32,00 6 gebraucht ab EUR 27,22
Lieferung bis Donnerstag, 30. Juni: Bestellen Sie innerhalb der nächsten 7 Stunden per Morning-Express.
Nur noch 4 Stück auf Lager - jetzt bestellen.
(1)
Kostenlose Lieferung möglich.
Auszug - Seite 9: "Dieses Kapitel vermittelt einen Überblick über epochentypische Ent- wicklungstendenzen der Raumgestaltung und gibt einen Zustands- bericht über aktuelle Tendenzen. Mit berücksichtigt werden dabei ... "
Bücher: Alle 3.515 Artikel ansehen

3. Materialien!: Wände, Böden, Oberflächen - Das Handbuch zur innovativen Raumgestaltung von Elizabeth Wilhide und Wiebke Krabbe (Gebundene Ausgabe - 29. September 2008)
Neu kaufen: EUR 39,95
89 neu ab EUR 39,95 17 gebraucht ab EUR 34,80
Lieferung bis Donnerstag, 30. Juni: Bestellen Sie innerhalb der nächsten 7 Stunden per Morning-Express.
(2)
Kostenlose Lieferung möglich.
Auszug - Seite 13: " ... Oberflächen, die in diese Kategorie fallen, haben seit Jahrhunderten einen festen Platz in der Raumgestaltung. Holz, Stein, Fliesen, Teppiche und Läufer sind uns so vertraut wie ... "
Bücher: Alle 3.515 Artikel ansehen

Wie man Informationen schriftlich festhält

/// Mindmap ///

Verschaffe dir durch Mindmaps einen Überblick, den du durch neue Informationen übersichtlich erweitern kannst. / Du schreibst das Thema in die Mitte und ergänzt es durch einzelne Gesichtspunkte (Oberbegriffe), die als Ast des Themas dargestellt werden. Die einzelnen Gesichtspunkte („Äste") untergliederst du ebenso (Unterbegriffe). /

1 a) **Erstellen Sie aus dem Inhaltsverzeichnis des Wikipedia-Artikels zum Tauchen eine Mindmap.**

Inhaltsverzeichnis

1 Geschichte des Tauchens

2 Sporttauchen
- 2.1 Apnoetauchen
- 2.2 Gerätetauchen
- 2.3 Technisches Tauchen
- 2.4 Bergungstauchen
- 2.5 Ziele des Sporttauchens
- 2.6 Umwelt- und Denkmalschutz
- 2.7 Tauchen mit Handicap

3 Berufstauchen

4 Gefahren

5 Tauchorganisationen

6 Siehe auch

7 Einzelnachweise

8 Weblinks

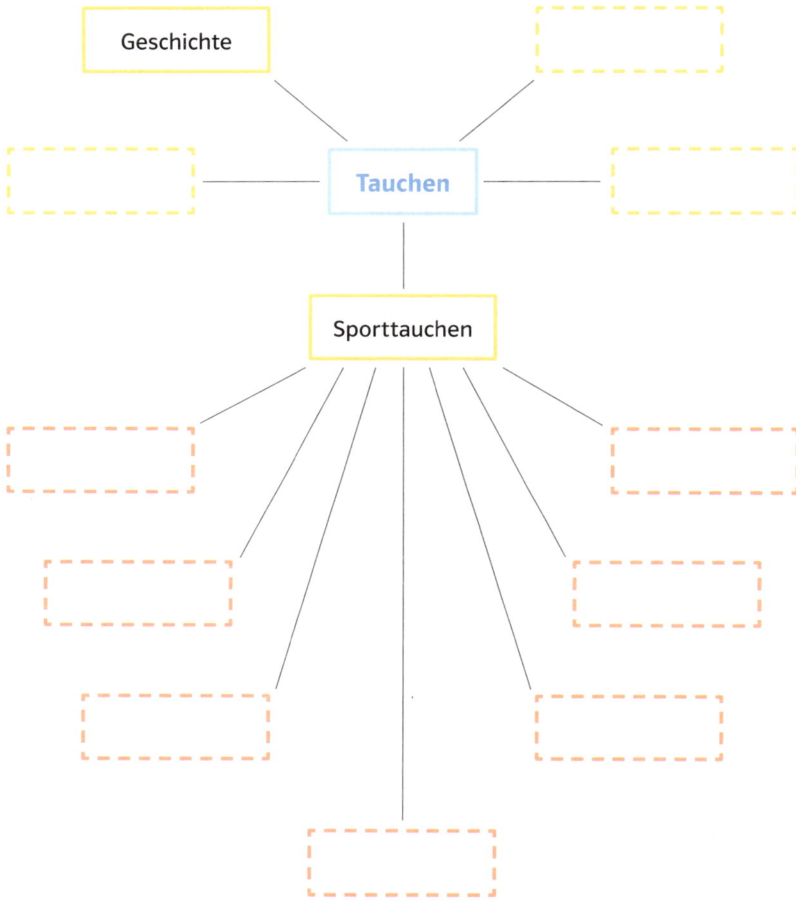

b) **Ergänzen Sie die Mindmap durch die folgenden Begriffe.**

DLRG / Druckluftgerät / Schwammtaucher im Altertum / Unterwasserfotografie / Erlebnis der Schwerelosigkeit / Tieftauchen ohne Hilfsmittel / Leonardo da Vinci / Tauchanzug / Helmtauchen im 20. Jh. / Entwicklung der Flossen / Lungenautomat / Dekompressionserkrankung / Taucher der Bundeswehr / Tauchphysik / technische Probleme / Streckentauchen mit einem Atemzug / Spezialeinheit der Wasserwacht / Betrachtung der Unterwasserwelt / Bauarbeiten unter Wasser

/// Karteikarten ///

Fasse die wesentlichen Inhalte auf Karteikarten zusammen. Lege dazu Schlagwortkarteien an. /

2 **Beschriften Sie die folgenden drei Karteikarten mit dem passenden Schlagwort (hier spiegelverkehrt geschrieben).**

Kompression | Tauchzeichen | Druckausgleich

A

- komprimierte Luft
- in Flaschen unter erhöhtem Druck gespeichert
- Ziel: Platzverminderung

B

- kontrollierte Verminderung des Drucks (beim Auftauchen)
- abhängig von: Tauchzeit, Tauchtiefe, Stickstoffanreicherung im Körper
- Durchführung in Stufen
- Hilfe: Tabellen oder Tauchcomputer

C

- nonverbale Verständigung zwischen Tauchern
- Grund: Verständigung über menschliche Stimme nicht möglich
- Formen: Frage, Mitteilung oder Aufforderung
- internationaler Gebrauch, aber dennoch Absprache vor jedem Tauchgang

3 **Erstellen Sie aus dem folgenden Text eine Karteikarte mit Schlagwort und Zusammenfassung der Information.**

Tarieren (arabisch *tahara,* entfernen, wegnehmen) bedeutet das Ausgleichen eines Gewichts, um ein Gleichgewicht herzustellen.

Bei einer Tarierwaage, die auf dem Prinzip einer Balkenwaage aufgebaut ist, hat die Waagschale ein auf einer Skala verschiebbares Gegengewicht. Das Gewicht wird so lange verschoben, bis durch die Hebelwirkung das Gleichgewicht zwischen Waagschale und Gegengewicht hergestellt ist und an der Skala das Gewicht des Wägeguts abgelesen werden kann.

Beim Tauchen bedeutet Tarieren den Ausgleich zwischen Auftrieb (Steigen) und Abtrieb (Sinken) des Tauchers, um ein neutrales Schweben in der gewünschten Wassertiefe zu ermöglichen. Dazu muss zunächst die Tauchausrüstung so zusammengestellt sein, dass der Abtrieb des Tauchers ein wenig größer als der Auftrieb ist. Der Taucher hat durch seinen Tauchanzug einen relativ großen Auftrieb (abhängig vom Material), der durch Bleigewichte kompensiert werden muss. Dies ermöglicht das Abtauchen unter die Wasseroberfläche. Während der gesamten Abstiegsphase wird die Tarierweste langsam (stoßweise) mit Luft gefüllt, sodass sich in der gewünschten Tiefe Auftrieb und Abtrieb ausgleichen (diese Prozedur kann ein mögliches Einfrieren des Atemreglers verhindern). Die Fein-Tarierung kann auch durch gezieltes Ein- oder Ausatmen gesteuert werden.

/// Quellenangaben ///

Wenn du dir Inhalte notierst, musst du genau angeben, woher du die Informationen hast. Hier musst du die gebräuchlichen Regeln beachten. /

4 **Notieren Sie allgemein, in welcher Reihenfolge die Quellenangabe bei Büchern und Zeitschriften erfolgen sollte.**

Quelle:
Rahimi, Monika: Tauchen ohne Stress. Typische Fehler vermeiden, Cham 2010.

Nachname des Autors, ______________________________

5 a) **Unterstreichen Sie die allgemeinen Angaben, die Sie für Aufsätze aus dem Internet vornehmen müssen. Orientieren Sie sich am Beispiel.**

Beispiel:
Peter Knobloch, Multikulti ist seit langem Realität, http://www.cicero.de/97.php?item=5979, abgerufen am 24.05.2011.

Angabe der URL (Internetadresse) / Anzahl der Seiten / Titel des Aufsatzes / Datum des Abrufes / Name des Autors / Name des Abrufers

b) **Schreiben Sie die Angaben in der richtigen Reihenfolge auf.**

____

____

/// Zitieren ///

Beim Zitieren musst du den Text unverändert übernehmen und in Anführungszeichen setzen. Willst du einzelne Textstellen auslassen, musst du dies durch drei Punkte innerhalb des Zitats (bei längeren Textstellen in eckigen Klammern) kenntlich machen. /

6 **Setzen Sie die aus dem Text von Aufgabe 3 zitierten Textstellen in Anführungszeichen.**

Beispiel:
Die Tarierwaage, die man beim Tauchen braucht, ist „auf dem Prinzip einer Balkenwaage aufgebaut".

A Will man ein neutrales Schweben in der gewünschten Wassertiefe erreichen, so müssen sich Auf- und Abtrieb ausgleichen.

B Wenn der Abtrieb des Tauchers ein wenig größer als der Auftrieb ist, dann kann der Taucher im Wasser langsam nach unten gleiten.

C Der Taucher kann durch gezieltes Ein- oder Ausatmen eine genaue Tarierung durchführen.

7 **Schreiben Sie die folgenden Zitate aus dem Text von Aufgabe 3 ab und kennzeichnen Sie dabei die ausgelassenen Textstellen korrekt.**

A Das Gewicht wird so lange verschoben, bis das Gleichgewicht zwischen Waagschale und Gegengewicht hergestellt ist und an der Skala das Gewicht des Wägeguts abgelesen werden kann.

B Beim Tauchen bedeutet Tarieren den Ausgleich zwischen Auftrieb und Abtrieb des Tauchers, um ein neutrales Schweben zu ermöglichen.

C Der Taucher hat durch seinen Tauchanzug einen großen Auftrieb, der kompensiert werden muss.

D Während der Abstiegsphase wird die Tarierweste gefüllt, sodass sich in der gewünschten Tiefe Auftrieb und Abtrieb ausgleichen (diese Prozedur kann ein mögliches Einfrieren des Atemreglers verhindern).

8 **Vervollständigen Sie die Texte in den Sprechblasen und malen Sie Ihr Gesicht aus. Die Lösungen finden Sie jeweils spiegelverkehrt unter den Sprechblasen.**

A

In Zukunft benutze ich

______________________.

Vor allem werde ich mit dem

____

intensiv arbeiten.

Wörterbücher | Rechtschreibwörterbuch

C

Informationen werde ich übersichtlich in Form einer ______________ festhalten.

Wesentliche Inhalte eines Textes werde ich auf ______________________ zusammenfassen.

Mindmap | Karteikarten

B

Ich werde mir eine

______________________ für das Internet zulegen und die Inhalte

______________ beurteilen.

Ich werde mich auch über

____________________ informieren.

Suchstrategie | kritisch | Fachbücher

D

Zu jedem Text werde ich die genaue

______________________ festhalten.

Zitate werde ich ____________________

und in ______________________________

wiedergeben.

Quellenangabe | wortwörtlich | Anführungszeichen

Was ich kann und noch besser können möchte

1 **Machen Sie den folgenden Test.**

	Aussage	stimmt	stimmt nicht
1	Im Rechtschreibwörterbuch gibt es auch Worterklärungen.		
2	Das Synonymwörterbuch erklärt die Herkunft der Wörter.		
3	Wikipedia ist ein Lexikon.		
4	Ein Minuszeichen vor einem Begriff ergänzt die Suche im Internet um diesen Begriff.		
5	Die fehlende Angabe des Impressums einer Internetseite ist ohne Bedeutung.		
6	Eine Mindmap ist durch Ober- und Unterbegriffe geordnet.		
7	Das Schlagwort gibt das Thema einer Karteikarte an.		
8	Bei einer Quellenangabe muss nur die Autorin oder der Autor angegeben werden.		
9	Quellenangaben von Büchern unterscheiden sich von Quellenangaben aus dem Internet.		
10	Der Originaltext darf beim wörtlichen Zitieren in keiner Weise verändert werden.		

2 **Kontrollieren Sie mithilfe der Lösung auf Seite 137, was Sie in Aufgabe 1 angekreuzt haben.**

3 **Füllen Sie die folgenden Sprechblasen aus.**

✓ Das kann ich gut:

____

____

____

Das möchte ich noch besser können:

____

____

____

Vorschläge für Projektarbeiten

- → Recherche zu einem Thema: Die 10 besten …, Die 10 seltsamsten …, Die 10 besten Multimedia-Quellen (Foto, Video, …)
- → Der Klasse eine ausgefallene Frage stellen, die nur sehr schwierig mithilfe des Internets beantwortet werden kann. Es gewinnen diejenigen, deren Fragen nicht beantwortet werden können. Die Lösungen dieser Fragen können aber im Internet nachgewiesen werden.
- → Material (Text, Bilder, Videos) zu Ihrem Traumberuf finden und der Klasse vorstellen

6 Inhalte verstehen und wiedergeben

Was Texte mit mir zu tun haben

A Sarah: Ich lese manchmal Zeitung. Aber ich verstehe oft nicht, was da steht. Da gibt es zu viele Fremdwörter.

B Edgü: Ich kann ganz gut Deutsch. Aber wenn die Sätze zu kompliziert sind, dann verliere ich den Überblick.

C Philipp: Ich schaue immer Nachrichten im Fernsehen an. Das meiste verstehe ich. Aber ich könnte es nicht in eigene Worte fassen.

D Andreas: Ich habe kaum Probleme beim Lesen. Was ich nicht verstehe, das überlese ich einfach.

E Ich:

____

____

____

1 a) Lesen Sie die Texte in den Sprechblasen und ergänzen Sie selbst einen Text in E, der Ihre persönliche Erfahrung mit dem Verständnis und der Wiedergabe von Texten verdeutlicht.
b) Markieren Sie, was Sie über das Verständnis und die Wiedergabe von Texten erfahren (siehe Beispiel in A).

2 Stellen Sie vor, was Sie in Aufgabe 1b) markiert haben.

3 a) Wählen Sie eine Sprechblase aus, über die Sie reden wollen.
b) Stellen Sie hierzu eine Frage, die Sie beantwortet haben möchten, und beantworten Sie die Fragen anderer.

4 a) Kreisen Sie drei Fähigkeiten (spiegelverkehrt geschrieben) ein, die man Ihrer Meinung nach haben muss, um Texte gut zu verstehen und auch wiedergeben zu können.

- Wortbedeutungen verstehen
- den Satzbau durchschauen
- Bilder und Vergleiche verstehen
- den Textzusammenhang kennen
- Texte strukturieren können
- die Absicht des Autors durchschauen
- den Text selbst wiedergeben können

b) Notieren Sie die drei Fähigkeiten.

Um Texte gut zu verstehen und auch wiedergeben zu können, muss ich meines Erachtens in erster Linie

____

____

Wie man Wörter und Sätze besser versteht

/// Wortbedeutungen ///

Wenn du einen Text verstehen willst, musst du erst einmal die Wörter verstehen. Lies nicht über Wörter hinweg, die du nicht verstehst, sondern kläre deren Bedeutung. Mache dir auch Gedanken zu Wörtern, die mehrere Bedeutungen haben oder bildlich wirken. /

1 a) **Lesen Sie nur die Überschrift des folgenden Artikels und formulieren Sie, was Sie von dem Artikel erwarten.**

b) **Lesen Sie den Artikel und erklären Sie, ob der Artikel Ihren Erwartungen entsprochen hat.**

Häusliche Gewalt gegen Rechner:

Jeder zehnte Deutsche schlägt seinen PC

von Lars Bube

Jeder, der schon einmal einen PC benutzt hat, kennt das Spiel: Manchmal verhalten sich die Rechenkisten ganz unmaschinell und zicken herum. Was gestern noch funktionierte, lässt sich plötzlich nicht mehr starten, Operationen, die gerade noch funktioniert haben, werden verweigert [...]. Auch wenn das eigentliche Problem sehr oft vor dem Schirm sitzt, richtet sich der Frust der Nutzer in so einer Situation doch meist schnell gegen den Computer und seine Einzelteile. So gaben in einer aktuellen Umfrage des Antivirenherstellers Avira 39 Prozent der befragten Deutschen an, „ich habe meinen PC schon einmal laut beschimpft oder angeschrien". [...]

Wer sich von seinem Computer gegängelt fühlt, schlägt also auch gerne mal zurück. Und das ist durchaus auch öfter wörtlich zu nehmen – zumindest bei rund 9 Prozent der Deutschen. Sie setzen auf eine noch etwas härtere Anti-Aggressionstherapie und geben zu, den Rechner auch geschlagen oder ihn mit Gegenständen malträtiert zu haben. Immerhin drei Prozent haben laut ihren eigenen Aussagen auch schon mindestens einmal einen bockigen Computer an die Wand oder auf den Boden geschmissen. [...]

Computer Reseller News vom 09.02.2011

2 **Erzählen Sie, ob Sie Ähnliches – wie im Artikel dargestellt – schon einmal bei sich oder anderen wahrgenommen haben und wie man Ihrer Meinung nach damit umgehen soll.**

3 **Schreiben Sie die Wörter auf, die in dem Artikel stellvertretend für den Computer benutzt werden.**

4 **Markieren Sie die Bedeutung, die die mehrdeutigen Wörter im Artikel oben haben.**

A Spiel (Zeile 2): Sportveranstaltung / Ablauf in bestimmten Bahnen

B Operation (Zeile 5): chirurgischer Eingriff / Militäreinsatz / Aktion

C Schirm (Zeile 8): Hutrand / Regenschutz / Monitor

D angeben (Zeile 10): nennen / sich aufspielen

E zurückschlagen (Zeile 16): umkrempeln / zurückwerfen / als Zweiter schlagen

F auf etwas setzen (Zeile 18): wetten / bevorzugen / etwas hinlegen

5 **Schreiben Sie mithilfe des Lexikonauszugs die Wortbedeutungen der Fremdwörter (A–D) auf.**

Ag|gres|si|on *die;* -, -en ‹*lat.*›: 1. rechtswidriger Angriff auf ein fremdes Staatsgebiet, Angriffskrieg. 2. (Psychol.) a) [affektbedingtes] Angriffsverhalten, feindselige Haltung eines Menschen od. eines Tieres mit dem Ziel, die eigene Macht zu steigern oder die Macht des Gegenübers zu mindern; b) feindselig-aggressive Äußerung, Handlung

an|ti..., An|ti... vor Vokalen meist ant..., Ant... ‹*gr.* anti „gegen, gegenüber, entgegen"›

Frust *der;* -[e]s, -e: (ugs.) 1. (ohne Plural) das Frustriertsein; Frustration. 2. frustrierendes Erlebnis

Frus|t|ra|ti|on *die;* -, -en ‹*lat.*›: (Psychol.) Erlebnis einer wirklichen od. vermeintlichen Enttäuschung u. Zurücksetzung durch erzwungenen Verzicht od. versagte Befriedigung

mal|t|rä|tie|ren ‹*lat.-fr.*›: misshandeln, quälen

The|ra|pie *die;* -, ...ien: (Med.; Psychol.) Heilbehandlung. **the|ra|pie|ren:** jmdn. einer Therapie unterziehen

Vi|rus *das* (auch: *der*); -, Viren ‹*lat.*; „Schleim, Saft, Gift"›: 1. kleinstes [krankheitserregendes] Partikel, das sich nur in lebendem Gewebe entwickelt. 2. Computerprogramm, das falsche od. zerstörerische Befehle in anderen Programmen auslöst

A Frust: ______________________________

B Antivirenhersteller: ______________________________

C Anti-Aggressionstherapie: ______________________________

D malträtieren: ______________________________

6 **Schreiben Sie auf, welche Bedeutung die sprachlichen Bilder im wörtlichen Sinne haben und welche Bedeutung sie im Text haben.**

A herumzicken B gängeln C bockig

7 **Ordnen Sie den Redewendungen (A–E) die entsprechende Bedeutung (1–5) zu.**

A Sand in die Augen streuen	1 jemanden abweisen
B sich mit fremden Federn schmücken	2 fremde Leistungen als die eigenen ausgeben
C jemandem den Laufpass geben	3 naiv sein
D blauäugig sein	4 standhaft sein
E eisern sein	5 jemanden täuschen

/// Komplizierte Satzkonstruktionen entwirren ///

Wenn du Sätze nicht verstehst, dann reduziere sie erst einmal auf die jeweilige Hauptaussage. Schau dir dann an, welche logischen Verbindungen zu den Nebensätzen bestehen. Überprüfe dazu auch dein Wissen über die Konjunktionen (Bindewörter). /

8 **Vervollständigen Sie die folgenden Sätze so, dass der Inhalt des Ausgangstextes (siehe Aufgabe 1) möglichst weitgehend erhalten bleibt.**

A Jeder PC-Benutzer hat schon erlebt, dass …

B Wenn der Computer nicht funktioniert, dann äußert sich das dadurch, dass …

C Der PC-Benutzer lässt seinen Computerfrust meist an …

D Die Umfrage eines Antivirenherstellers ergab: 39 …

E 9 Prozent der Deutschen schlagen ihren Computer, wenn …

F Nach dieser Umfrage haben 3 Prozent …

9 **Streichen Sie so viele Wörter wie möglich weg, ohne die Hauptaussage der Sätze zu zerstören.**

A *Jeder, ~~der schon einmal einen PC benutzt hat~~, kennt das ~~Spiel~~.*

B Manchmal verhalten sich die Rechenkisten ganz unmaschinell und zicken herum.

C Was gestern noch funktionierte, lässt sich plötzlich nicht mehr starten, Operationen, die gerade noch funktioniert haben, werden verweigert.

D Auch wenn das eigentliche Problem sehr oft vor dem Schirm sitzt, richtet sich der Frust der Nutzer in so einer Situation doch meist schnell gegen den Computer und seine Einzelteile.

10 **Kreisen Sie die Textstellen ein, auf die sich die markierten Relativpronomen (rückbezügliche Fürwörter) beziehen.**

A *Ein Computer, **der** niemals streikt, muss erst noch erfunden werden.*

B Es ist ein Traum der Menschen, **der** niemals in Erfüllung gehen wird.

C Computer sind letztendlich ja auch nur Produkte, **die** von Menschen erfunden sind, **welche** auch nicht fehlerfrei arbeiten.

D Vielleicht sollte deshalb derjenige, **der** den Computer bedient, an sich selbst arbeiten und die Gelassenheit finden, **die** es ihm leichter macht, Fehler zu ertragen.

E Ein Mensch, **der** sich selbst im Griff hat und **der** bei Problemen ruhig bleibt, ist auch bei Kolleginnen und Kollegen angesehener und beliebter.

F Wer sagt, dies sei leicht gesagt, **der** hat sicherlich Recht.

11 **Setzen Sie folgende Konjunktionen so ein, dass die Sätze jeweils einen Sinn ergeben.**

Konjunktionen: damit dass weil obwohl ohne dass sodass weil wenn

A ______________ viel Zeit in die Entwicklung von technischen Geräten investiert wird, sind sie oft fehlerhaft.

B Die Technik ist oft so kompliziert, _________ man ganze Handbücher benötigt, _____________ man alle Funktionen erlernen kann.

C Die Bedienung von technischen Geräten ist oft schwierig, _________ sie nicht den menschlichen Verhaltensweisen folgt.

D Oft ist die Bedienung auch unlogisch, _______________ man nicht von alleine die Funktionen findet.

E Einige Unternehmen streben eine Bedienung an, die funktioniert, __________ ________ man sich in Handbücher einlesen muss.

F Das Leben wäre einfacher, __________ diese Konzepte Realität wären.

G _________ das aber noch nicht so ist, sind viele Menschen frustriert.

12 **Ordnen Sie den logischen Beziehungen (A–H) passende Konjunktionen zu (Mehrfachnennungen sind möglich).**

Konjunktionen: als da damit falls indem obgleich obwohl ohne dass seitdem sodass während weil wenn wohingegen

	Logische Beziehung	Konjunktionen
A	zeitlich	*als, während, seitdem*
B	gegensätzlich	
C	die Art und Weise darstellend	
D	begründend	
E	eine Folge darstellend	
F	eine Bedingung darstellend	
G	etwas einräumend	
H	den Zweck darstellend	

13 a) **Kreuzen Sie an, welche der folgenden Aussagen im Ausgangstext (siehe Aufgabe 1) getroffen werden.**

b) **Finden Sie die entsprechenden Textstellen und korrigieren Sie Ihre Antworten, wenn nötig.**

		Diese Aussage wird getroffen.	Diese Aussage wird nicht getroffen.
A	Jeder hat schon einmal einen PC benutzt.		
B	Die PCs verhalten sich oft nicht so, wie man es erwartet.		
C	Das eigentliche Problem ist der PC-Nutzer.		
D	Nach der Umfrage eines Antivirenherstellers fühlen sich viele von ihrem PC gegängelt.		
E	9 Prozent lieben es, ihren Computer zu schlagen.		
F	3 Prozent haben ihren Computer auf den Boden geschmissen.		

Wie man einen Text strukturiert

/// Oberbegriffe ///

Die Zuordnung von einzelnen Begriffen zu Oberbegriffen hilft dir, Texte besser zu strukturieren und zu verstehen. Mit einem Strukturbild, z. B. einer Mindmap, kannst du das sehr übersichtlich darstellen. /

1 a) **Übertragen Sie das angefangene Strukturbild auf ein Blatt.**

b) **Ergänzen Sie die drei orange umrandeten Kästen auf der linken und auf der rechten Seite mit passenden Inhalten aus dem Text auf Seite 52.**

c) **Schreiben Sie in die beiden gelb umrandeten Kästen jeweils einen Oberbegriff.**

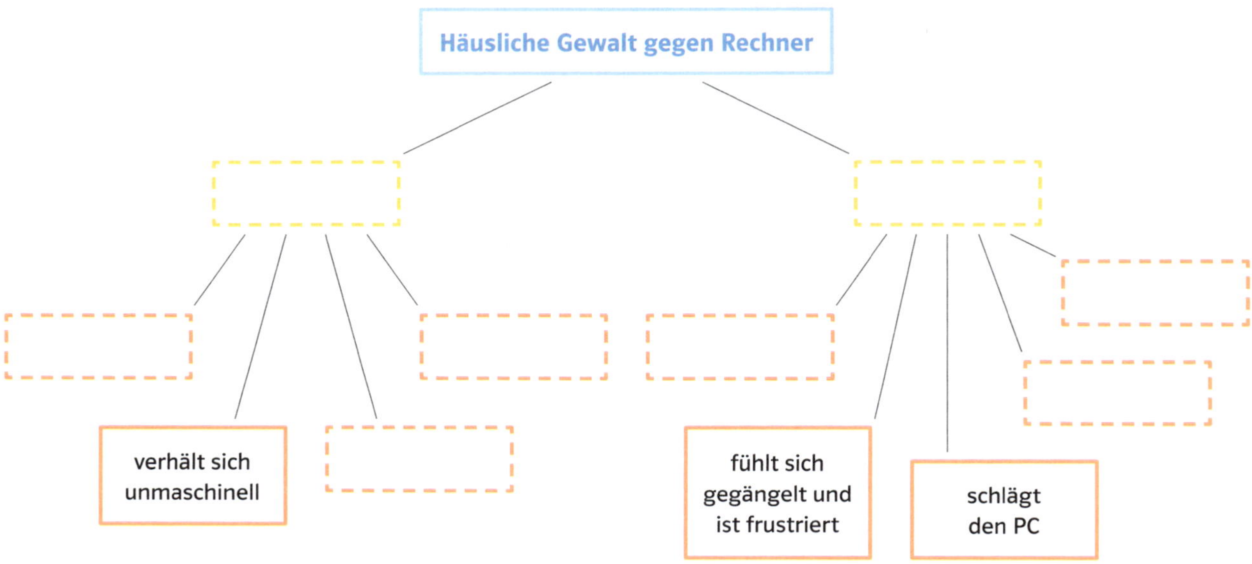

2 a) **Ergänzen Sie in Ihrem Strukturbild Pfeile, die den Ablauf (genauer) darstellen.**

b) **Schreiben Sie in einem Satz auf, was das Strukturbild nun zeigt. Verwenden Sie dazu Ihre Oberbegriffe.**

3 **Lesen Sie den folgenden Text durch und klären Sie die Ihnen unverständlichen Wörter und Sätze.**

Streikender Computer im Büro

Als ob der Arbeitsalltag nicht stressig genug wäre. Wenn mitten im größten Chaos dann auch noch der Büro-PC streikt, kann einen das rasend machen. Ihn anzuschreien und zu beschimpfen hilft nicht – denkt man. Doch, meint Professor Ludger Schmidt, Leiter des Fachgebiets Mensch-Maschine-Systemtechnik an der Uni Kassel. „Das kann bei der Stressbewältigung hilfreich sein, zumindest, wenn das Gerät dabei keinen Schaden nimmt", erklärt der Experte in der Zeitschrift

Psychologie heute. Seinem Ärger über die Technik mit Worten Luft zu machen, sei durchaus eine nützliche „Kompensationsstrategie“. Und sie hat weniger negative Folgen, als vor Wut etwa mit der Faust auf die Tastatur zu hämmern. Solche Reaktionen sind den Angaben nach keineswegs selten: In einer Studie der Soziologin Marleen Brinks haben 62 Prozent der befragten Anwender angegeben, ihren PC schon einmal angeschrien zu haben. 31 Prozent haben mit der Maus auf den Tisch geschlagen oder mit ihr geworfen, und 15 Prozent haben gegen den Bildschirm geschlagen oder gegen das PC-Gehäuse getreten. Technikfrust ist auch im Berufsleben ein wachsendes Problem. Denn von Beschäftigten werde immer mehr technisches Wissen verlangt – das überfordert einige. [...] Ein weiterer Stressfaktor sei, dass Arbeitnehmer heute immer abhängiger von der Technik sind. Ein Systemabsturz vernichtet schlimmstenfalls die Ergebnisse wochenlanger Arbeit. Und ein fehlerhafter Server könne ganze Abteilungen lahmlegen.

Süddeutsche Zeitung vom 21. 01. 2010

4 a) **Übertragen Sie die folgende Mindmap auf ein Blatt und ergänzen Sie sie durch Inhalte des Textes.**

b) **Schreiben Sie die Zeilen auf, die den drei Sinnabschnitten des Textes entsprechen.**

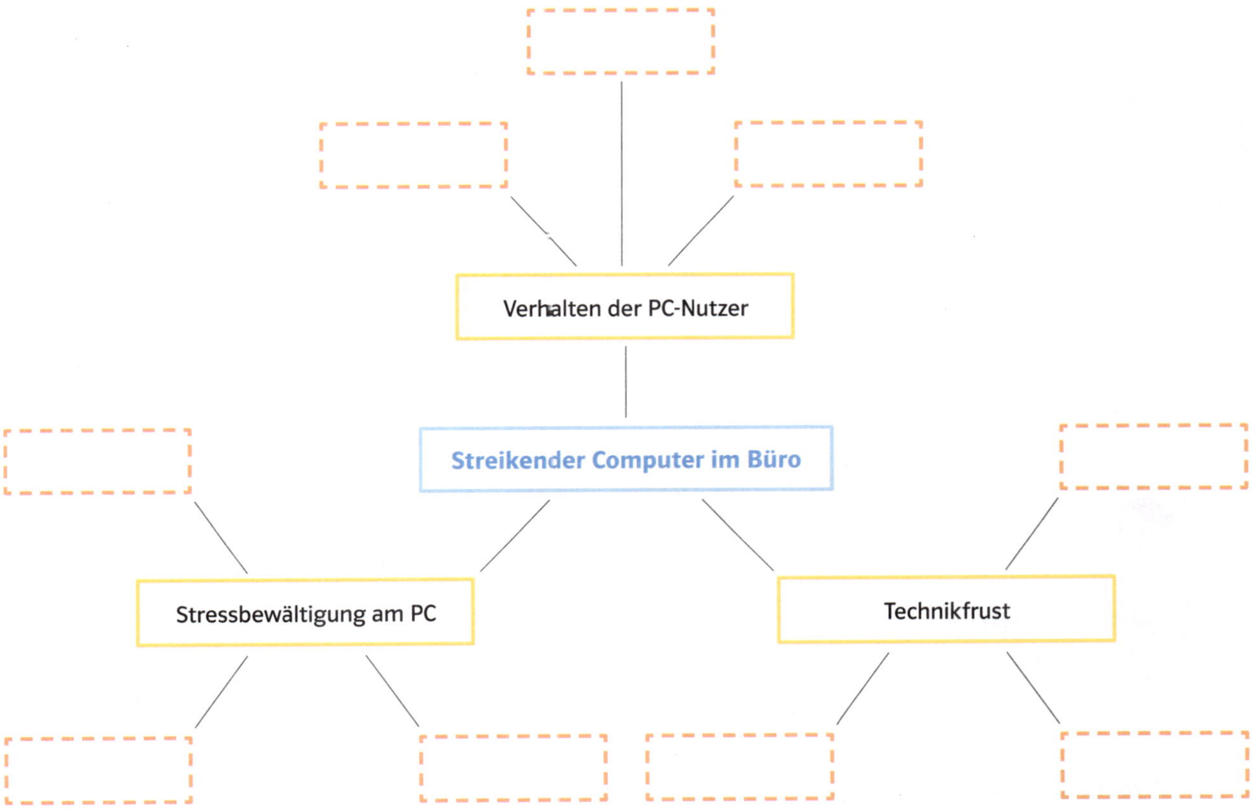

5 **Kreuzen Sie an, welcher der folgenden Sätze alle Sinnabschnitte des Textes am besten wiedergibt. Begründen Sie Ihre Entscheidung.**

- A Der Text beschäftigt sich mit Technikfrust. ☐
- B In dem Text geht es um Stressbewältigung. ☐
- C Der Text behandelt Aggressionen, die durch Computer entstehen. ☐
- D Thema des Textes sind Systemabstürze bei Computern. ☐
- E Der Text geht auf Computerprobleme ein. ☐

Wie man einen Sachtext schriftlich wiedergibt

/// Einleitung ///

In der Einleitung musst du Angaben zum Text und zum Autor machen. Diese Angaben bestehen aus: Autor, Titel, Erscheinungsort und -datum. Zusätzlich ist es sinnvoll zu erwähnen, um welche Textsorte es sich handelt (z. B. Zeitungsartikel, Buchausschnitt). Außerdem musst du angeben, worum es in dem Text geht. /

1 **Notieren Sie in Stichworten, welche Angaben in den Einleitungen zum Text auf Seite 42 fehlen.**

A In dem Artikel „Jeder zehnte Deutsche schlägt seinen PC" beschreibt der Autor das Verhalten von frustrierten PC-Nutzern.

____

B Der Autor Lars Bube beschreibt das Verhalten von frustrierten PC-Nutzern in seinem Artikel, der auf den Internetseiten von crn.de (Computer Reseller News) am 09. 02. 2011 veröffentlicht wurde.

____

C Lars Bubes Artikel vom 09. 02. 2011 „Jeder zehnte Deutsche schlägt seinen PC" wurde auf den Internetseiten von crn.de (Computer Reseller News) veröffentlicht.

____

D In seinem Artikel beschreibt Lars Bube das Verhalten von frustrierten PC-Nutzern.

____

2 **Schreiben Sie eine vollständige Einleitung zu dem Artikel auf den Seiten 46–47.**

/// Redeeinleitungen ///

Wenn du einen Text wiedergibst, musst du deutlich machen, dass dies nicht deine Aussagen sind. Benutze dazu verschiedene Redeeinleitungen. Achte dabei auf die richtige Wortreihenfolge im Nebensatz. /

3 **Verbinden Sie die folgenden Silben und Silbengruppen so, dass Verben (Tätigkeitswörter) entstehen, die in einer Redeeinleitung verwendet werden können. Schreiben Sie die Wörter in richtiger Schreibweise auf.**

A	~~anmer~~	1	nen	*anmerken*
B	beto	2	vorheben	______________
C	behaup	3	ken	______________
D	unter	4	ten	______________
E	her	5	~~ken~~	______________
F	bemer	6	streichen	______________

4 **Kreuzen Sie an, welche Formulierungen grammatikalisch richtig sind.**

A Der Autor berichtet, dass Technikfrust ist eine moderne Erscheinung. ☐
B In dem Text wird ausgesagt, dass Aggressionen am Computer entstehen. ☐
C Der Autor weist darauf hin, dass viele Menschen sind am Computer gestresst. ☐
D In dem Text heißt es, dass Aggressionen entstehen am Computer. ☐
E Der Autor berichtet, dass Technikfrust eine moderne Erscheinung ist. ☐
F Der Autor weist darauf hin, dass viele Menschen am Computer gestresst sind. ☐

/// Konjunktiv (Möglichkeitsform) ///

Wenn du keine Redeeinleitung verwendest, solltest du im Normalfall den Konjunktiv I verwenden. Dieser hört sich ungewohnt an, weil man ihn häufig nur in der Schriftsprache gebraucht. Lasse dich aber deshalb nicht davon abhalten, ihn zu benutzen. /

5 **Schreiben Sie die richtige Form des Konjunktivs I auf.**

A er hat *er habe*
B sie ist ______
C er will ______
D ich mag ______
E er kann ______
F sie soll ______
G er darf ______
H sie muss ______

Infinitiv	1. Person Singular	2. Person Singular	3. Person Singular	1. Person Plural	2. Person Plural	3. Person Plural
haben	habe	habest	habe	haben	habet	haben
sein	sei	seiest	sei	seien	seiet	seien
wollen	wolle	wollest	wolle	wollen	wollet	wollen
mögen	möge	mögest	möge	mögen	möget	mögen
können	könne	könnest	könne	können	könnet	können
sollen	solle	sollest	solle	sollen	sollet	sollen
dürfen	dürfe	dürfest	dürfe	dürfen	dürfet	dürfen
müssen	müsse	müssest	müsse	müssen	müsset	müssen

6 **Setzen Sie in die Lücken die richtige Form des Konjunktivs I ein.**

Der Autor schreibt, dass sich der Rechner manchmal ganz unmaschinell verhält und herumzickt. Das eigentliche Problem (sitzt) *sitze* aber vor dem Schirm. Der Nutzer (wehrt) ______ sich gegen den Computer. Wer sich gegängelt (fühlt) ______, der (beschimpft) ______ seinen Computer. Eine große Anzahl von Menschen (steigt) ______ auf eine härtere Gangart um und (schlägt) ______ den Computer. Ein kleinerer Teil (hat) ______ seinen Computer schon mindestens einmal an die Wand geworfen.

Wie man Schaubilder interpretiert

/// Thema definieren ///

Wenn du Aussagen zu einem Schaubild machst, dann musst du genau angeben, worum es geht. Beachte auch die Art und die Maßeinheiten des Diagramms. /

1 a) **Betrachten Sie das Schaubild genau.**

b) **Kreuzen Sie an, welche Aussagen das Thema des Schaubildes wiedergeben.**

c) **Begründen Sie Ihre Entscheidung.**

____

____

____

____

____

____

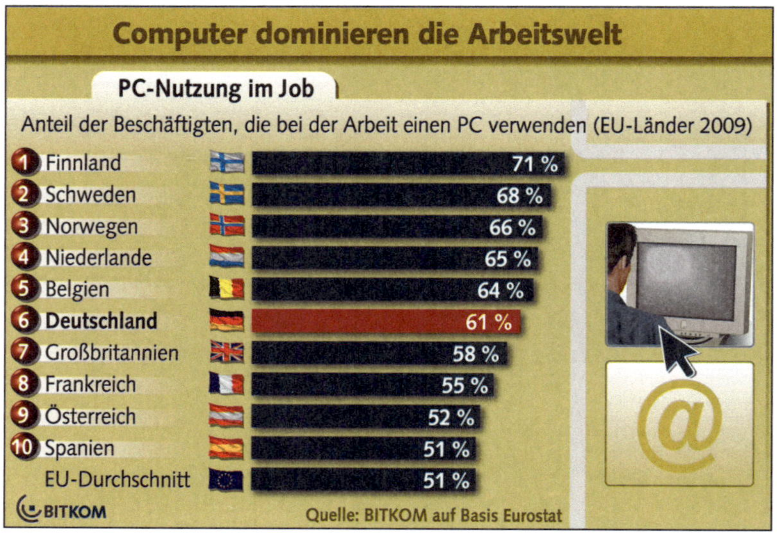

	Aussage	trifft das Thema	trifft es nicht
A	Das Diagramm zeigt die PC-Nutzung in Unternehmen der EU.		
B	Das Diagramm stellt dar, wie viele Arbeitnehmer in der EU einen PC nutzen.		
C	In dem Diagramm wird gezeigt, wie hoch der Anteil der Arbeitnehmer in der EU ist, die beruflich einen PC nutzen.		
D	In dem Balkendiagramm wird prozentual angegeben, wie viele Arbeitnehmer in der EU bei der Arbeit einen Computer nutzen.		
E	Das Balkendiagramm visualisiert, wie viele Beschäftigte in der EU einen PC haben.		

/// Bestandteile des Schaubildes ///

Nenne die Quelle des Schaubildes: Wer hat es mit welchem Thema wo veröffentlicht? Wer lieferte die Zahlen? /
Als Nächstes solltest du die einzelnen Werte beschreiben. Gehe dabei auf die Spitzenwerte (nach oben und unten) und auf den Durchschnittswert ein. Wenn etwas besonders hervorgehoben ist, dann beschreibe dies auch. Sei bei allem auch kritisch. /

2 **Fassen Sie die drei Spitzenwerte in einem Satz zusammen.**

3 **Formulieren Sie, welche Bedeutung die folgende Situation für das abgebildete Balkendiagramm hat.**

Situation:
Die EU hatte 2009 27 Mitgliedsstaaten.

4 **Schreiben Sie auf, welche Aussage sich aus dem Schaubild für die Situation in Deutschland ableiten lässt.**

5 **Kreuzen Sie die Aussagen an, die Ihrer Meinung nach direkt aus dem Schaubild abgeleitet werden können.**

- A Die Wahrscheinlichkeit, dass ich im Beruf mit Computern umgehen muss, ist in Deutschland hoch. ☐
- B Die Wahrscheinlichkeit, dass ich im Beruf mit Computern umgehen muss, ist in Deutschland höher als in allen EU-Ländern Süd- und Osteuropas. ☐
- C Das Schaubild sagt nichts über meinen genauen Beruf aus, deshalb müssen für mich die Zahlen nicht zutreffen. ☐
- D Das Schaubild zeigt, dass ich mich am Computer auskennen sollte, da die Entwicklung deutlich zum Computer am Arbeitsplatz geht. ☐
- E Das Schaubild macht deutlich, dass nicht alle Arbeitsplätze mit Computern ausgerüstet werden können. ☐
- F Aus dem Schaubild kann man herauslesen, dass nur 61 Prozent der Schülerinnen und Schüler in ihrem späteren Beruf einen PC verwenden werden. ☐

6 **Vervollständigen Sie die Texte in den Sprechblasen und malen Sie Ihr Gesicht aus.**
Die Lösungen finden Sie jeweils spiegelverkehrt unter den Sprechblasen.

A

Ich werde alle mir ____________________ Wörter nachschlagen. Komplizierte Sätze werde ich auf die ____________________ reduzieren.

unbekannten Hauptaussage

C

Bei der Wiedergabe eines Sachtextes mache ich in der ____________________ Angaben zu Autor, Titel, Erscheinungsort, -datum und Textsorte und sage, worum es geht.

Einleitung

B

Ich werde Texte in Sinnabschnitte einteilen, denen ich bestimmte ____________________ zuordne.

Oberbegriffe

D

Nach den einleitenden Angaben zum Schaubild werde ich die ____________________ und den ____________________ beschreiben.

Spitzenwerte Durchschnittswert

Was ich kann und noch besser können möchte

1 **Machen Sie den folgenden Test.**

	Aussage	stimmt	stimmt nicht
1	Das Wort „hemmen" bedeutet, jemanden oder etwas (in der Entwicklung) behindern.		
2	In dem Satz „Die Spielerin, der man bisher faires Spiel bestätigt hatte, bekam eine Verwarnung." bezieht sich das markierte Relativpronomen „der" auf die Spielerin.		
3	Die Konjunktion „weil" stellt eine Bedingung dar.		
4	„Gefühl" ist ein Oberbegriff für folgende Begriffe: Angst, Wut, Berechnung.		
5	„Wissenschaft" ist der Oberbegriff für folgende Begriffe: Physik, Mathematik, Geologie.		
6	Eine Mindmap baut auf Ober- und Unterbegriffen auf.		
7	Wenn ich einen Text wiedergebe, muss ich fremde Aussagen nicht deutlich machen.		
8	Der Konjunktiv I von „er ist" lautet „er wäre".		
9	Der Konjunktiv I von „sie haben" lautet „sie haben".		
10	Prozente geben das Verhältnis zu dem Wert 1000 an.		
11	Bei der Wiedergabe des Inhalts eines Schaubildes muss ich nicht jede angegebene Zahl nennen.		

2 **Vergleichen Sie Ihre Ergebnisse mit der Lösung auf Seite 137.**

3 **Füllen Sie die folgenden Sprechblasen aus.**

✓ Das kann ich gut:

____

____

____

Das möchte ich noch besser können:

____

____

____

Vorschläge für Projektarbeiten

- Sprichwörter verschiedener Kulturen sammeln und vergleichen
- Texte am Computer visualisieren
- Regieanweisungen zu einem Text formulieren und laut vorlesen (lassen)
- Schaubilder zu einem Thema sammeln und neue Überschriften erfinden

Musteraufsatz: Eine Inhaltsangabe schreiben

1 **Fassen Sie den folgenden Text zusammen.**

Wie, wohin und warum reisen Jugendliche oft?

von Angela Krenger

Nach 13 Jahren Schule verspüren die meisten das dringende Bedürfnis zu reisen. Wir verspüren ein Verlangen nach Neuem, noch Ungesehenem, nach Abenteuer. Kurz gesagt gilt die eine Grundidee, die uns alle in jäheste Gegenden der Welt treibt: weg! Woanders hingehen, eine neue Kultur kennenlernen, den Horizont erweitern und den Alltag durchbrechen.

Aber es geht meist nicht nur um jene Bedürfnisse, die die junge Seele rastlos werden lässt, sondern genauso um die Idee der Selbstfindung. Alleine, irgendwo auf dem Globus, ohne Mama, die das Zimmer aufräumt und einen mit Mahlzeiten versorgt. Ohne Freunde und Bekannte, ohne vertraute Umgebung, ohne vertraute Sprache.
Stellen Sie sich vor, Sie fliegen ein paar Stunden, und plötzlich ist jedes Wort, alles, was Sie hören, das Ambiente[1], einfach alles anders! Manche mögen sich dem Reisen widmen, weil sie Fernweh verspüren, aber für mich ist dies ein unzureichender Grund. Denn wer mit Leib und Seele die heimischen Gewässer verlässt und in See sticht, der tut das nicht, weil er anderswo auf ein „besseres" Leben hofft, sondern ihn das ungewisse Flair[2] des abenteuerlich Neuen packt. […]

Wie? Schiff, Zug, Bus, Flugzeug: Die Transportmittel sind mannigfaltig. Doch ich denke, diese Frage richtet sich nicht in erster Linie an die Fortbewegungsmittel, sondern an die Art des Reisens oder des Aufenthalts. Der Aufenthalt lässt sich individuell gestalten, indem man sich beispielsweise für eine Sprachschule, einen Sozialeinsatz, das Arbeiten oder das Durchreisen des Landes entschließt. Normalerweise ziehen wir in die Fremde mit dem Anspruch, Zugang zur fremden Kultur zu finden. Was uns vorschwebt, ist eine Integration in dem Sinne, dass wir denselben Einblick in das Land erhalten, wie er sich durch die Augen eines Einheimischen präsentiert. Ich finde das Eintauchen in fremde Kulturen eine tolle Erfahrung. Aber die Idee, dass ich sozusagen einer von ihnen bin, erscheint mir suspekt[3] oder unnötig. Die Verneinung der Herkunft ist eine schlechte Ausgangslage für das Gespräch, den Austausch und das Kennenlernen neuer Menschen egal, welcher Nation.

Wohin soll die Reise gehen? Das ist eine Frage, die alle nach unterschiedlichen Kriterien entscheiden. Der eine legt seinen Fokus[4] auf die Sprache, die andere auf das Kennenlernen von Land und Leuten, und ein Dritter hat Zeit wie Mittel für beides. […]
Doch gibt es auch Trends und Leute, die jenen bedauerlicherweise bloß folgen, weil sie nicht lange nachdenken mögen und mit ihrer Auslandskenntnis schließlich mehr prahlen wollen als die Lebenserfahrung zu erweitern versuchen.

Schließlich kommen wir zur spannendsten Frage, jene nach der Motivation unserer Reise. Einige Gründe liegen im Erreichen von Flexibilität[5], Horizonterweiterung, Unabhängigkeit und Erleben von Freiheit. Ich muss dazu sagen, dass ich diesbezüglich bei meinem Sozialeinsatz in Costa Rica nicht zu kurz kam. Doch die meisten verfolgen nicht nur den Erwerb von bestimmten Qualitäten, sondern hoffen durch das Reisen auf die Selbstfindung. Reisen finde ich eine gute Art, dieses Ziel zu verfolgen. Während des Aufenthalts im Gastland lernt man oft ganz neue Seiten von sich kennen. […]

Berner Zeitung, 01. 12. 2010

1 Ambiente: Umfeld
2 Flair: Atmosphäre
3 suspekt: fragwürdig
4 Fokus: Schwerpunkt
5 Flexibilität: Anpassungsfähigkeit

Vorarbeiten: Fünf-Schritt-Lesemethode	
1. Schritt	Überfliegen Sie den Text: Worum geht es?
2. Schritt	Klären Sie, um welche Textsorte es sich handelt. Was wissen Sie zu dem Thema? Welche Fragen haben Sie zum Thema?
3. Schritt	Lesen Sie den Text gründlich, unterstreichen Sie wichtige Begriffe und unklare Textstellen.
4. Schritt	Schreiben Sie Überschriften zu jedem Abschnitt auf.
5. Schritt	Erstellen Sie eine Mindmap zum Text.

Musterlösung

In der Berner Zeitung vom 01.12.2010 beschreibt Angela Krenger unter der Überschrift „Wie, wohin und warum reisen Jugendliche oft?" das Reiseverhalten von Jugendlichen.[1]
Am Anfang ihres Artikels behauptet[2] die Autorin, dass Jugendliche nach der Schule das Bedürfnis hätten, aus dem Alltag auszubrechen und neue Kulturen kennenzulernen.[4]
Außerdem gebe[3] es noch ein anderes Bedürfnis: Der Jugendliche wolle[3] sich selbst finden und sich beweisen. Dazu beschreibt[2] die Autorin, wie es sich anfühlt, wenn man sich in anderer Umgebung befindet.[4]
Wie man reist, ist für Angela Krenger wichtig. Dabei geht es ihr nicht um das Fortbewegungsmittel, sondern um das Verhältnis zur anderen Kultur. An dieser Stelle betont[2] sie, dass man seine eigene Herkunft nicht verleugnen solle[3].
Das Ziel der Reise werde[3] nach unterschiedlichen Gesichtspunkten festgelegt. Es gebe[3] aber auch manchen, der mit seinen Reisen nur angeben wolle[3].
Man reise[3] aber auch, um z. B. flexibler zu werden oder Freiheit zu erleben. Das wichtigste Ziel sei[3] aber, sich selbst besser kennenzulernen.

1 ***Einleitung:*** *In der Einleitung müssen Sie Angaben zum Text und zum Autor machen. Diese Angaben bestehen aus: Autor, Titel, Erscheinungsort, Datum. Zusätzlich kann es sinnvoll sein zu erwähnen, um welche Textsorte es sich handelt (Zeitungsartikel, Buchausschnitt, …). Außerdem müssen Sie angeben, worum es in dem Artikel geht.*

2 ***Redeeinleitungen:*** *Wenn Sie etwas wiedergeben, was in einem Text steht, müssen Sie deutlich machen, dass dies nicht Ihre Aussage, sondern eine Aussage im Text ist. Benutzen Sie dazu verschiedene Redeeinleitungen, die dies herausstellen. Achten Sie dabei auf die richtige Wortreihenfolge im Nebensatz.*

3 ***Indirekte Rede:*** *Benutzen Sie den Konjunktiv I, wenn Sie die Ausführungen des Autors/der Autorin beschreiben.*

4 ***Abschnitte:*** *Fassen Sie jeden Abschnitt kurz zusammen.*

7 Argumentieren und Stellung nehmen

Was Argumentieren mit mir zu tun hat

A Mara: Mein Freund versteht mich nie, wenn ich argumentiere. Er sagt immer: „Das ist doch kein Argument."

B Kristoffer: Mir fallen oft gar keine Argumente ein. Ich sage dann halt irgendetwas.

C Inga: Also, ich rede mir die Seele aus dem Leib und argumentiere und argumentiere. Aber meine Eltern sehen das nie ein.

D Isabelle: Ich wickle meinen Freund um den kleinen Finger. Ich kann nämlich besser reden als er. Dann machen wir meist, was ich will. Na ja, manchmal stinkt es ihm auch.

E Jan: Ich weiß gar nicht, was ein Argument ist.

F Ich:

____

____

____

1 a) Lesen Sie die Texte in den Sprechblasen und ergänzen Sie selbst einen Text in der leeren Sprechblase, der Ihre persönliche Erfahrung mit Argumentieren verdeutlicht.
b) Markieren Sie, was Sie über das Argumentieren erfahren (siehe Beispiel in A).

2 Stellen Sie vor, was Sie in Aufgabe 1b) markiert haben.

3 a) Wählen Sie eine Sprechblase aus, über die Sie reden wollen.
b) Stellen Sie hierzu eine Frage, die Sie beantwortet haben möchten, und beantworten Sie die Fragen anderer.

4 a) Kreisen Sie drei Gesichtspunkte (spiegelverkehrt geschrieben) ein, die Ihrer Meinung nach eine gute Argumentation auszeichnen.

mögliche Folgen aufzeigt | einleuchtend ist | klar und deutlich ist | überzeugend wirkt | gute Beispiele enthält | wahrheitsgetreu ist | Erfahrungen beinhaltet

b) Notieren Sie die drei Gesichtspunkte.

Eine Argumentation ist für mich gut, wenn sie in erster Linie

____

____

Wie man argumentiert

/// Eindeutige Begründungen (Argumente) ///

Wenn du argumentierst, musst du zu einer Aussage eindeutige Begründungen vorbringen. Um Überzeugungskraft zu haben, sollten sie ohne weitere Erklärungen einleuchtend sein. /

1 a) **Erklären Sie, warum die Aussage C keine eindeutige Begründung ist.**

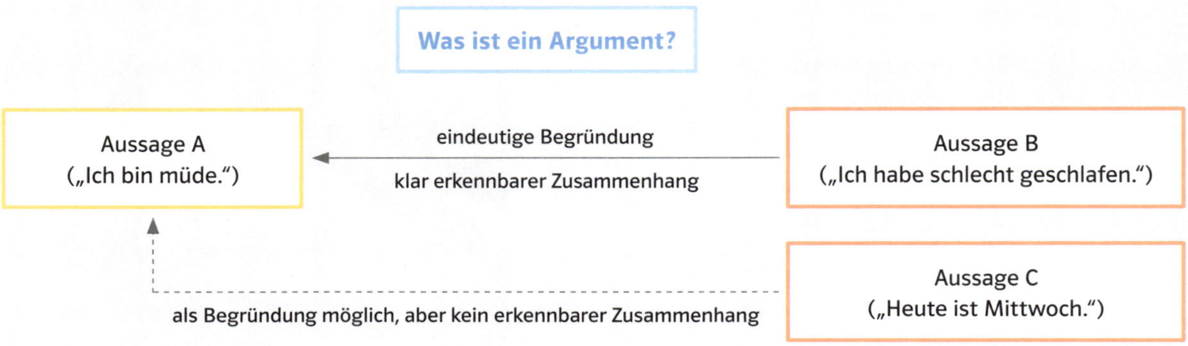

b) **Erläutern Sie, in welchem Fall die Aussage C eine Begründung für Aussage A sein könnte.**

c) **Schreiben Sie die Aussage C zu einer eindeutigen Begründung um, sodass ein klarer Zusammenhang zur Aussage A deutlich wird.**

____

2 **Formulieren Sie drei eindeutige Begründungen, die der Sportler rechts auf die Frage „Warum sind Sie so fit?“ anführen könnte.**

Beispiel:
Ich bin fit, weil ich darauf achte, dass ich genügend Schlaf habe.

3 a) **Kreisen Sie die drei Konjunktionen (Bindewörter) ein, die eine Begründung angeben.**

Konjunktionen:
während da als wenn denn falls weil als obwohl

b) **Tragen Sie die eingekreisten Konjunktionen in die folgenden Sätze so ein, dass diese grammatikalisch und inhaltlich richtig sind.**

A Ich bin fit, ____________ ich genügend Schlaf habe.
B Ich bin fit, ____________ ich genügend Schlaf habe.
C Ich bin fit, ____________ ich habe genügend Schlaf.

4 **Ergänzen Sie die folgende Regel.**

Die Konjunktionen ____________________ und ____________________ leiten einen Nebensatz ein, bei dem die gebeugte Form des Verbs (Tätigkeitsworts) nach hinten gestellt wird. Die Konjunktion ____________________ leitet einen Hauptsatz ein, bei dem das Tätigkeitswort (Verb) in Normalposition bleibt.

5 **Schreiben Sie drei mögliche Argumente zu der Frage „Warum sollte ich Sport treiben?" auf. Benutzen Sie dabei alle drei Konjunktionen, die eine Begründung einleiten.**

/// Veranschaulichung ///

Es ist wichtig, dass sich deine Begründungen einprägen. Dazu solltest du deine wichtigsten Begründungen mit Beispielen versehen, die die Sachlage veranschaulichen. Beachte aber, dass die Beispiele die Begründungen nicht ersetzen können. /

6 **Kreuzen Sie bei den folgenden Aussagen zu der Behauptung „Man sollte auf sein Äußeres achten" an, ob es sich um eine Begründung oder um ein Beispiel handelt.**

	Aussage	Begründung	Beispiel
A	Wenn ich gut rieche, fühle ich mich besser.		
B	Wenn man starken Körpergeruch hat, wird man oft gemieden.		
C	Gepflegtes Äußeres zeigt, dass man diszipliniert ist.		
D	Mit einem gepflegten Äußeren wird die Achtung deutlich, die man gegenüber anderen aufbringt.		
E	Meine Freundin geht mit mir nicht auf eine Party, wenn ich eine Trainingshose anhabe.		
F	Im Beruf wird man leicht zum Außenseiter, wenn man durch Körpergeruch oder schlampige Kleidung auffällt.		
G	Wer sich pflegt, achtet seinen Körper.		

7 **Schreiben Sie je ein Beispiel zu folgenden Aussagen auf.**

A Wenn man keinen Sport treibt, wird man träge.

So verlor ich sehr viel Ehrgeiz und wurde immer fauler, als ich wegen eines Bänderrisses mehrere Monate lang keinen Sport mehr ausüben konnte.

B Wer keinen Sport treibt, ist unglücklicher.

____

C Wenn man keinen Sport treibt, schädigt man seine Gesundheit.

____

D Wer keinen Sport treibt, wird schneller krank.

____

Wie man ausführlich Stellung nimmt

/// Einen Standpunkt beziehen ///

Wenn du nach deiner Meinung gefragt wirst, dann solltest du diese deutlich aussprechen und deinen Standpunkt darstellen. /

1 a) **Lesen Sie den Text.**

Junge Menschen im Schönheitswahn

Die Verschönerung des eigenen Körpers durch Schmuck, Tätowierungen oder Operationen wird immer beliebter. Besonders jüngere Menschen sehen häufig die Risiken dieses Schönheitswahns nicht und gefährden dadurch ihre Gesundheit. mirzuliebe.com, 07.08.2010

b) **Kreuzen Sie an, welche Aussagen Ihrer Meinung nach zur Frage „Befinden sich die jungen Menschen im Schönheitswahn?" deutlich Stellung nehmen.**

- A **Ersin:** Ich bin mir nicht sicher, ob junge Menschen wirklich im Schönheitswahn sind. ☐
- B **Judith:** Man kann das so und so sehen. ☐
- C **Kosta:** Ich denke, dass viele junge Leute den Schönheitskult übertreiben. ☐
- D **Mike:** Das Aussehen kann schon wichtig sein. ☐
- E **Leonie:** Meiner Meinung nach sind das nur wenige. Die meisten jungen Leute übertreiben dies nicht. ☐
- F **Kurt:** Manche Leute halten das Aussehen für wichtig. Mir ist das egal. ☐
- G **Isabelle:** Das kann schon sein. ☐

c) **Unterstreichen Sie Formulierungen, die zu einer unklaren Stellungnahme führen oder keine Stellungnahme zur gestellten Frage enthalten.**

2 **Formulieren Sie Ihren Standpunkt zu der Fragestellung „Befinden sich die jungen Menschen im Schönheitswahn?" in einem vollständigen Satz.**

/// Mehrere Argumente finden ///

Argumentiere abwechslungsreich, indem du nicht nur Ursachen, sondern auch mögliche Folgen oder Widersprüche zu moralischen Geboten formulierst. Benutze auch eine vielfältige Wortwahl, damit sich deine Begründungen nicht wie von einem Automaten erzeugt anhören. /

3 **Finden Sie Argumente für eine Stellungnahme, die die folgende Frage bejaht: „Kann der Wunsch nach Verschönerung des Körpers zum Problem werden?" Übernehmen Sie dazu die Mindmap in Ihr Heft und ergänzen Sie sie mit weiteren Ursachen, möglichen Folgen oder Widersprüchen zu moralischen Geboten.**

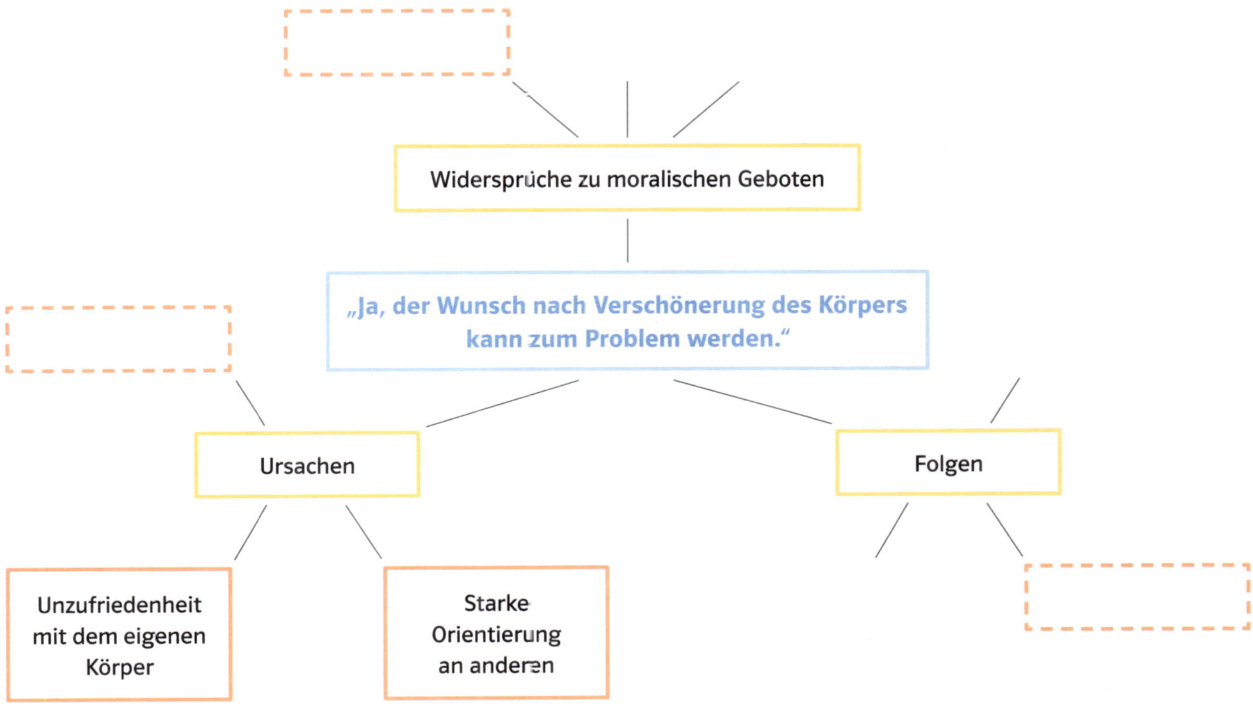

4 **Ordnen Sie die folgenden Beispiele (1–7) zum Thema „Kann der Wunsch nach Verschönerung des Körpers zum Problem werden?" sinnvoll den Begründungen (A–G) zu.**

A Man verliert die Lebensfreude, wenn man sich zu sehr an anderen orientiert.

B Der Schönheitskult kann zur dauernden Verunstaltung des Körpers führen.

C Auch gewolltes Untergewicht kann die Gesundheit schädigen.

D Medikamente zum Muskelaufbau sind meist sehr schädlich.

E Gesundheitswahn kostet viel Geld.

F Man schränkt sich in seinen sozialen Aktivitäten ein.

G Schönheitskult ist eitel und egoistisch.

1 Eine Bekannte von mir musste wegen Magersucht ins Krankenhaus.

2 Meine Freundin wollte nicht mehr ausgehen, weil ihre Nase ihr nicht gefiel.

3 Meine Bekannte gibt ihr ganzes Geld für Kosmetika aus.

4 Caroline ist mit ihren Freundinnen nicht mehr ins Freibad gegangen, weil sie sich zu dick fühlte.

5 Mustafa hat Herzprobleme bekommen, weil er Muskelaufbaupräparate genommen hat.

6 Mehmet ist am ganzen Körper tätowiert und hat sehr viele Piercings.

7 Nadine hat sich nur noch um ihr Äußeres gekümmert und ihre Freunde missachtet.

5 **Formulieren Sie in ganzen Sätzen, wie man die Beispiele in Aufgabe 4 an die Begründungen anschließen kann. Benutzen Sie dabei alle vorgestellten Möglichkeiten.**

Beispiel:
Man verliert die Lebensfreude, wenn man sich zu sehr an anderen orientiert.

Möglichkeit A: *So wollte meine Freundin nicht mehr ausgehen, weil ihre Nase ihr nicht gefiel.*
Möglichkeit B: *Meine Freundin z. B. wollte nicht mehr ausgehen, weil ihre Nase ihr nicht gefiel.*
Möglichkeit C: *Dies war bei meiner Freundin der Fall, die nicht mehr ausgehen wollte, weil ihre Nase ihr nicht gefiel.*

6 **Schreiben Sie aus den vorgegebenen Silben Wörter auf, die Begründungen miteinander verbinden können.**

Silben: au auch be ber da dem dem ders eben falls fer hi lich naus ner rü sätz ßer son zu zu

7 **Bilden Sie Sätze aus den Stichworten in Ihrer Mindmap (Aufgabe 3). Reihen Sie die Sätze aneinander, indem Sie mit den aus Aufgabe 6 gewonnenen Wörtern anfangen.**

Beispiel:
Außerdem kann die Unzufriedenheit mit dem eigenen Körper der Auslöser sein, dass man so aussehen möchte wie jemand, den man bewundert.

/// Aufforderung formulieren ///

Am Schluss deiner Stellungnahme solltest du aufzeigen, was die Einzelperson oder die Allgemeinheit tun könnte, um deinen Standpunkt in die Tat umzusetzen. /

8 **Ergänzen Sie die Tabelle stichwortartig mit möglichen Aufforderungen: „Was kann man tun, damit der Wunsch nach Verschönerung des Körpers nicht zum Problem wird?"**

Handlungsaufforderungen	
Einzelperson	**Allgemeinheit**

9 **Wählen Sie den für Sie wichtigsten oder die wichtigsten Gesichtspunkte bei Aufgabe 8 aus und schreiben Sie diese in vollständigen Sätzen auf.**

Beispiele für Satzanfänge:
Man sollte … / Es scheint dringend notwendig, dass …

10 **Vervollständigen Sie die Texte in den Sprechblasen und malen Sie Ihr Gesicht aus. Die Lösungen finden Sie jeweils spiegelverkehrt unter den Sprechblasen.**

A

Beim Argumentieren werde ich eindeutige ______________ formulieren.
Ich werde ______________ für andere klar aussprechen und durch ______________ ergänzen.

Begründungen Zusammenhänge Beispiele

C

Eine Stellungnahme werde ich so formulieren, dass mein ______________ deutlich wird.

Standpunkt

B

Ich werde Begründungen nicht einfach ______________, sondern mit unterschiedlichen ______________ einleiten.

aneinanderreihen Wörtern

D

Meine Stellungnahme werde ich mit ______________ abschließen.

Handlungsaufforderungen

Was ich kann und noch besser können möchte

1 **Machen Sie den folgenden Test.**

	Aussage	stimmt	stimmt nicht
1	Dies ist ein eindeutiges Argument: Ich habe eine gute Note geschrieben, weil ich viel gelernt hatte.		
2	Dies ist ein eindeutiges Argument: Weil ich eine gute Note schreiben wollte, hatte ich viel gelernt.		
3	Dies ist ein eindeutiges Argument: Weil ich eine gute Note geschrieben habe, hatte ich viel gelernt.		
4	Der folgende Satzbau ist richtig: Ich habe Muskelkater, weil ich habe zu viel Sport getrieben.		
5	Der folgende Satzbau ist richtig: Ich habe Muskelkater, denn ich habe zu viel Sport getrieben.		
6	Ein Beispiel kann eine Begründung ersetzen.		
7	Eine Stellungnahme sollte viele Argumente und Gegenargumente auflisten.		
8	Eine Stellungnahme soll zeigen, dass man sich nicht eindeutig entscheiden kann.		
9	Eine Stellungnahme besteht immer nur aus einem einzigen Argument.		
10	Am Schluss einer Stellungnahme sollte man aufzeigen, was eine Einzelperson oder die Allgemeinheit tun sollte.		
11	Der folgende Satz ist eine Handlungsanweisung: „Man muss sehen, wie sich die Dinge in Zukunft entwickeln."		
12	Der folgende Satz ist eine Handlungsanweisung: „Jeder sollte sich selbst überprüfen, welche Werte im Leben wichtig sind."		

2 **Kontrollieren Sie mithilfe der Lösung auf Seite 137, was Sie in Aufgabe 1 angekreuzt haben.**

3 **Füllen Sie die folgenden Sprechblasen aus.**

✓ Das kann ich gut:

___

___

___

Das möchte ich noch besser können:

___

___

___

Vorschläge für Projektarbeiten

- Argumente in einem Zeitungsartikel unterstreichen und diskutieren
- Stellungnahmen von Mitschülern oder Lehrern zu interessanten Fragen (evtl. auch die eigene Schule betreffend) per Interview einholen und im Klassenzimmer veröffentlichen
- Argumente für bestimmte Wünsche der Klasse auf einer Wandzeitung sammeln (Beispiel: „Warum wir eine Klassenfahrt machen sollten")

Musteraufsatz: Schriftlich Stellung nehmen

1 **Ist der Alkoholkonsum Jugendlicher ein Problem? Nehmen Sie dazu ausführlich Stellung.**

Musterlösung

Viele Jugendliche trinken Alkohol, oft zu viel. Ich bin der Ansicht, dass sich dies zu einem wirklichen Problem entwickelt hat.[1]
Das Problem fängt schon an, wenn man am Wochenende mit Freunden weggeht, weil für viele der Rausch dazugehört.[2a] So gehen viele Jugendliche erst einmal in den Supermarkt und kaufen dort Alkohol „zum Vorglühen" ein.[2b]
Außerdem[4] wird dann später so viel getrunken, dass man die Kontrolle über die eigenen Handlungen verliert. Sachbeschädigungen oder Schlägereien mit Körperverletzung sind dann oft das Ergebnis der Sauftour.
Es können aber auch[4] Ängste oder Probleme sein, die Jugendliche dazu bringen, zu viel Alkohol zu konsumieren[3a]. Dies kann der Fall sein, wenn Jugendliche Angst vor Versagen haben oder Probleme mit dem Elternhaus oder den Freunden haben. Viele Jugendliche versuchen auch, mangelndes Selbstbewusstsein wegzutrinken. Sie fühlen sich unter Alkohol deutlich stärker. Dies ist dann ein großes Problem, wenn die Jugendlichen nicht mehr in der Lage sind, ohne Alkohol ihr Leben zu meistern und abhängig werden. Sie werden dann kaum in der Lage sein, im Berufsleben erfolgreich zu sein.
Übermäßiger Alkoholkonsum kann darüber hinaus[4] zu massiven gesundheitlichen Schädigungen[3b] führen. Nicht nur die unwiederbringliche Zerstörung von Gehirnzellen ist hier bedeutsam, sondern auch die Spätfolgen für das Herz-Kreislauf-System und die Leber können beträchtlich sein.
Meiner Meinung nach ist es schließlich[4] auch moralisch nicht richtig, wenn man sich betrinkt und die Kontrolle über sein Handeln verliert[3c]. Ich denke, dass der Mensch seinen Verstand gebrauchen sollte und sich nicht durch Drogen benebeln lassen sollte.
Der Alkoholkonsum der Jugendlichen ließe sich drastisch verringern, wenn die Gesellschaft den Jugendlichen mehr anbieten würde[5]: mehr Anerkennung, mehr Perspektiven, und wenn es weniger Werbung für Alkohol geben würde.[5] Auch[4] sollten Eltern den Kindern ein Vorbild sein[5] und selbst nicht zu viel trinken. Die Jugendlichen selbst sollten bei Partys und anderen Festlichkeiten Alternativen zum Alkoholkonsum entwickeln.[5] Letztendlich[4] sollten sich alle klarmachen, dass übermäßiger Alkoholgenuss keine Heldentat ist, sondern zeigt, wie dumm man ist.[5]
Ich persönlich denke, dass Alkohol vom wirklich Wichtigen im Leben ablenkt und dass es nicht cool ist, sich zu besaufen.

1 ***Einleitung:*** *Beginnen Sie Ihre Stellungnahme damit, dass Sie einen klaren Standpunkt beziehen.*

2 ***Begründungen und Beispiele:*** *Benutzen Sie eindeutige Begründungen (a), die man sofort verstehen kann. Erläutern Sie mit Beispielen (b).*

3 ***Begründungen und Argumentation:*** *Argumentieren Sie mit Hinweisen auf mögliche Ursachen (a), mit Hinweisen auf mögliche Folgen (b) oder mit Hinweisen auf moralische Gebote (c).*

4 ***Sprache:*** *Gestalten Sie Aufzählungen und Übergänge abwechslungsreich.*

5 ***Aufforderung:*** *Am Schluss der Stellungnahme sollten Sie aufzeigen, was die Einzelperson oder die Allgemeinheit tun könnte, um Ihren Standpunkt in die Tat umzusetzen.*

Musteraufsatz: Erörtern und Stellung nehmen

1 a) **Welche Probleme können bei Jugendlichen dazu führen, dass sie Mitschüler mobben?**

b) **Wie bewerten Sie persönlich solche Taten? Nehmen Sie dazu ausführlich Stellung.**

Musterlösung

Mobbing ist leider weit verbreitet, auch bei Jugendlichen. Welche Probleme können bei Jugendlichen dazu führen, dass sie Mitschüler mobben?[1] Oft ist ein übersteigertes Geltungsbedürfnis die Ursache, wenn ein Mitschüler jemanden mobbt.[2] Diese Leute wollen sich selbst auf Kosten anderer in Szene setzen. Natürlich suchen sie sich dabei die schwächeren Mitschüler heraus.
Es kann aber auch[3] sein, dass irgendetwas bei einem Mitschüler als störend empfunden wird, das man nicht akzeptieren will. Ursache ist in diesem Fall also mangelnde Toleranz. So werden oft Schüler gemobbt, die anders angezogen sind oder sich anders verhalten als der Rest der Klasse. In meiner früheren Klasse wurde so z. B.[4] ein Mitschüler stark gemobbt, da er in Emo-Kleidung in die Schule kam.
Ich habe es aber auch schon erlebt, dass jemand aus Neid gemobbt wurde. Wenn ein Schüler besonders gut ist, dann wird er oft als Streber abgestempelt. Vielleicht möchte man damit auch seine eigenen Schwächen überspielen.
Es kann aber auch fehlende Zivilcourage sein, wenn man beim Mobbing einfach mitmacht, um nicht selbst zum Mobbing-Opfer zu werden.

Ich persönlich halte[5] Mobbing für eine richtige Gemeinheit, die sehr egoistisch ist und den anderen missachtet.
Meiner Meinung nach sollte man keinen Menschen mobben, sondern ihn so respektieren, wie er ist. Wenn jemand sich z. B. die Haare grün färbt, dann soll er das tun. Und wenn jemand anders sein will als der Rest der Menschheit, dann soll er sich ausleben, solange er andere nicht schädigt. Jeder hat schließlich das Recht auf Entfaltung seiner Persönlichkeit. Das ist ein Menschenrecht.[6]
Mobbing ist meiner Überzeugung nach Folter und verstößt damit gegen die Menschenrechte. Man sollte sich immer dagegen wehren und gegen den Mobber vorgehen. Allerdings sollte man auch ihm eine Hilfe anbieten[7], denn dem Mobben liegen psychische Probleme zugrunde.

1 ***Einleitung:*** *Beginnen Sie Ihre Erörterung mit der Angabe des Themas und greifen Sie die erste Aufgabe auf.*

2 ***Begründungen:*** *Benutzen Sie eindeutige Begründungen, die man sofort verstehen kann.*

3 ***Sprache:*** *Gestalten Sie Ihre Begründungen und Übergänge abwechslungsreich.*

4 ***Beispiele:*** *Erläutern Sie mit Beispielen. Machen Sie sprachlich deutlich, was Sie als Beispiel anführen.*

5 *Wenn die Aufgabe aus zwei Teilen besteht, so benennen Sie die zweite Aufgabe.*

6 *Begründen Sie Ihren Standpunkt mit moralischen Geboten.*

7 *Schließen Sie Ihre Arbeit mit einer Aufforderung ab.*

8 Präsentieren

Was Präsentieren mit mir zu tun hat

A **Anna:** Ich habe schon ein paar Präsentationen in der Hauptschule gehalten. Ich habe aber nicht gewusst, was ich da sagen sollte, weil auf meinen Folien ja schon alles stand.

B **Kati:** Ich finde es lustig, wenn andere präsentieren. Die stehen meist ziemlich doof rum und ziehen Grimassen.

C **Arzu:** Ich habe mal einen Vortrag erlebt, bei dem jemand nur erzählt hat. Das war auch fade und viel zu kompliziert.

D **Lola:** Wenn man gut vorbereitet ist und viel frei spricht, kann eine Präsentation kaum schiefgehen.

E **Milena:** Ich bereite mich gut vor und lese dann von meinen Karteikarten ab. Das gibt mir Sicherheit.

F **Ich:**

____

____

____

1 a) Lesen Sie die Texte in den Sprechblasen.
b) Markieren Sie die Stellen, an denen Sie etwas über das Präsentieren erfahren (siehe Beispiel in A).
c) Ergänzen Sie selbst einen Text in der leeren Sprechblase, der Ihre persönliche Erfahrung mit Präsentationen verdeutlicht.

2 Tragen Sie vor, was Sie in Aufgabe 1b) markiert haben.

3 a) Wählen Sie eine Sprechblase aus, über die Sie reden wollen.
b) Stellen Sie hierzu eine Frage, die Sie gerne beantwortet haben möchten, und beantworten Sie die Fragen anderer.

4 a) Kreisen Sie drei Gesichtspunkte (spiegelverkehrt geschrieben) ein, die Ihrer Meinung nach eine gute Präsentation ausmachen.

treffend visualisiert | unterhaltsam vorträgt | Folien übersichtlich gestaltet | lebendig redet | eine gut lesbare Schrift verwendet | ein klares Ziel erkennen lässt | eine klare Struktur hat | eine motivierende Einleitung benutzt

b) Notieren Sie Ihre ausgewählten Gesichtspunkte.

Für mich ist eine Präsentation gut, wenn die/der Vortragende

____

____

Wie man Informationen visuell darstellt

/// Gefühlsbetont visualisieren (Fotos) ///

Fotos unterstützen Aussagen emotional. Illustriere wichtige Aussagen und Zahlenangaben mit treffenden Fotos. /

1 **Entscheiden Sie, welches Foto Ihrer Meinung nach die Aussage: „Berufsperspektive: arbeitslos“ am besten unterstützt. Vergeben Sie Schulnoten für jedes Bild und begründen Sie Ihre Benotung.**

☐ ☐ ☐

/// Zahlenangaben verdeutlichen ///

Suche am besten Vergleichszahlen und bringe diese ins Verhältnis zur Zahlenangabe:
Wie viele Schulklassen, Kleinstädte, gefüllte Fußballstadien usw. sind dies? /
Welcher Teil eines teuren Produktes (Designerjeans, Luxusuhr usw.) ist dies? Wie lange muss ich dafür arbeiten? /

2 **Schreiben Sie auf, durch welche Vergleichszahlen man die folgenden Zahlenangaben veranschaulichen könnte.**

A Circa 70 000 neue Ausbildungsstellen wurden 1970 geschaffen.

Das sind neue Ausbildungsstellen für mindestens so viele Leute, wie sie zusammen eine Menschenkette von Düsseldorf nach Aachen bilden können.

B 500 Euro Ausbildungsvergütung

Wenn man diese Summe spart, kann man sich nach zwei Jahren einen neuen Kleinwagen kaufen.

C 3 Millionen Arbeitslose

____

D 5000 Jugendliche ohne Lehrstelle

____

E 364 Euro Einkommen

____

/// Diagramme benutzen ///

Diagramme geben Zahlenverhältnisse anschaulich wieder. / Benutze Kreisdiagramme, wenn es um (Prozent-)Anteile geht, Säulendiagramme, wenn du Mengenangaben miteinander vergleichen willst. Mit Kurvendiagrammen kannst du Entwicklungen verdeutlichen, die nicht auf Mengen basieren. /

3 **Beschriften Sie die folgenden Diagrammarten mit den passenden Bezeichnungen: Säulendiagramm, unterteiltes Säulendiagramm, Kreisdiagramm, Kurvendiagramm.**

1 ______________________________

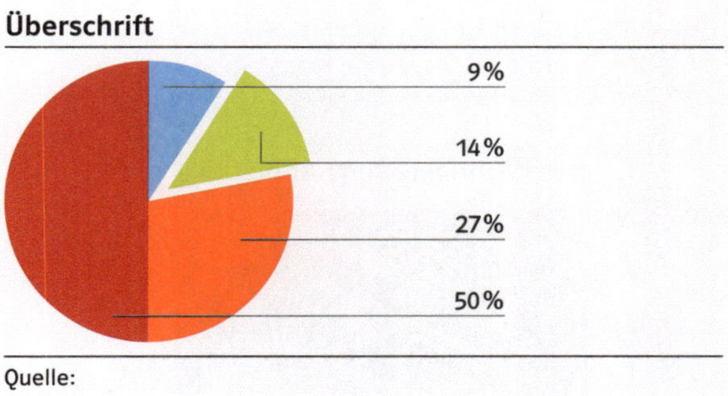

2 ______________________________

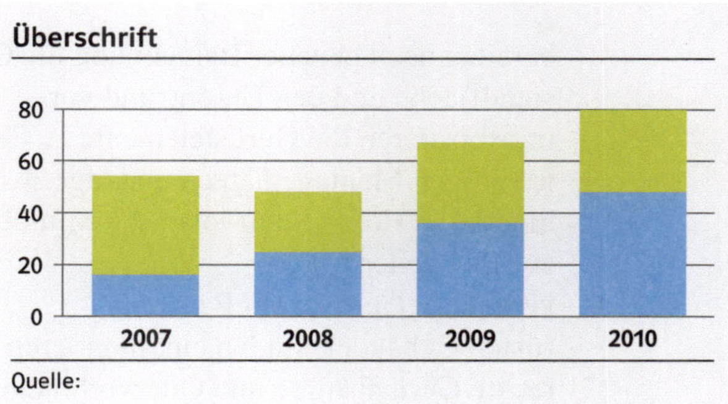

3 ______________________________

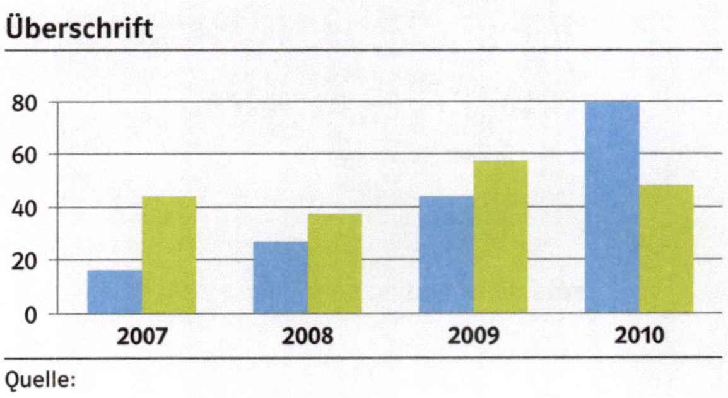

4 ______________________________

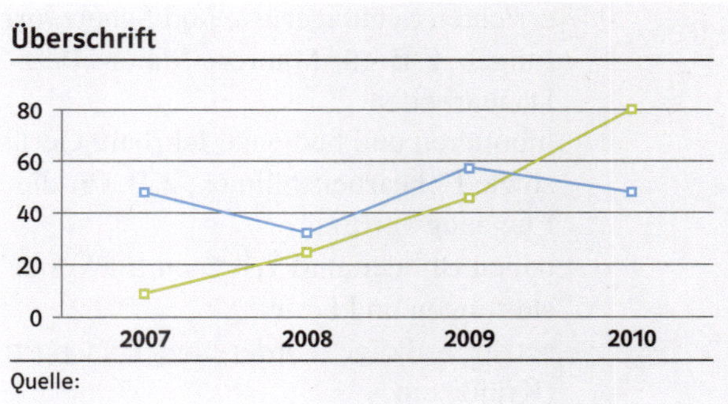

4 **Notieren Sie jeweils, welche Diagrammart (1 bis 4) für die Darstellung der folgenden Sachverhalte am besten geeignet ist. Begründen Sie Ihre Entscheidungen.**

A	Zeiten für 5000-Meter-Läufe	
B	Entwicklung der Schülerzahlen einer Berufsschule	
C	Entwicklung der Schülerzahlen einer Berufsschule (getrennt nach Geschlecht)	
D	Momentane Schülerzahlen einer Berufsschule (getrennt nach Geschlecht)	
E	Veränderung des Verhältnisses zwischen weiblichen und männlichen Schülern in den letzten Jahren	

5 **Erstellen Sie ein Diagramm für folgende Zahlen: Am Ende des letzten Schuljahres haben von 20 Schülerinnen und Schülern einer Klasse acht einen Ausbildungsplatz erhalten, sechs eine Zusage für eine weiterführende Schule, vier einen Arbeitsplatz und zwei waren noch ohne Zusage.**

Wie man Folien und Plakate gestaltet

///Das Minimalprinzip///

Wenn du Folien oder Plakate gestaltest, dann stelle möglichst wenige Elemente auf die Folie oder in das Plakat: Ersetze Text durch Bild und reduziere den Text auf Stichworte. /

1 **Unterstreichen Sie die Textstellen, die mithilfe des Bildes auf der Folie erklärt werden können.**

Gerüstbauer …

- bereiten nach genauer Berechnung die Gerüststandfläche und den Untergrund vor
- transportieren die Gerüstelemente zu den jeweiligen Montageplätzen und lagern sie
- montieren Holz-, Stahl- oder Aluminiumgerüste auf Baustellen
- verankern Gerüste am Bauwerk
- rüsten Gebäudefassaden ein, montieren senkrechte Gerüstbäume und Querverbindungen und verankern sie am Bauwerk
- komplettieren das Gerüst mit Leitern, Treppen und Laufbohlen
- errichten Schutzgerüste und Schutzvorrichtungen, z. B. für Maurer-, Maler-, Putz- und Dacharbeiten
- montieren und bedienen fahrbare Gerüste sowie Hebearbeitsbühnen, z. B. für die Flugzeugwartung
- bauen Bühnen und Tribünen für Veranstaltungen und Feste
- setzen Aufzüge, Förder- und Transportmittel (Kräne) ein
- verwenden verschiedene Maschinen und Werkzeuge für den Gerüstbau
- bauen die errichteten Gerüste auf und ab
- beachten die Sicherheit, den Gesundheitsschutz und den Umweltschutz auf der Baustelle
- prüfen ihre Arbeit und vermessen das Ergebnis
- demontieren die Gerüste nach Bauende
- warten und setzen Gerüstbauteile instand

Folie:

Was macht ein Gerüstbauer?

Das Wichtigste seht ihr hier.

Was hier nicht zu sehen ist …

2 a) **Erstellen Sie eine Liste mit den Tätigkeiten in einem Beruf, den Sie bei Ihrer letzten Praktikumsstelle kennengelernt haben.**

b) **Ergänzen Sie die Liste mit einem oder mehreren Bildern, die die wichtigsten Arbeiten in diesem Beruf darstellen.**

/// Abstimmung von Vortrag und Folie ///

Mache deinen Zuhörern immer deutlich, welchen Teil der Folie dein mündlicher Vortrag jeweils betrifft. Die mündliche Information muss wesentlich umfangreicher sein als die Stichworte und sollte einzelne Bilder/Bildelemente erklären. /

3 **Schreiben Sie in Sätzen auf, welches Einzelteil (1–3) auf dem Bild zu sehen ist und welche Tätigkeit des Gerüstbauers damit erklärt werden kann.**

Beispiel:
1: Hier seht ihr verschiedene Gerüstelemente. Diese werden vom Gerüstbauer montiert und am Bauwerk verankert.

4 **Halten Sie schriftlich in ganzen Sätzen fest, welche Informationen Sie mündlich bei einer Präsentation zu Ihren Stichworten aus Aufgabe 2a) zusätzlich Ihren Zuhörern geben können.**

Beispiel für das Stichwort „Bühnenaufbau" beim Gerüstbauer:
Die Tätigkeit des Gerüstbauers beschränkt sich nicht auf das, was im Bild gezeigt wird. Der Gerüstbauer sorgt auch dafür, dass wir Spaß und Unterhaltung haben können. Denn er baut Bühnen und Tribünen bei Veranstaltungen auf. Das ist mit dem Stichwort „Bühnenausbau" gemeint. Wenn ihr also das nächste Mal bei einer Veranstaltung seid, dann schaut einmal, was dort alles vom Gerüstbauer erstellt worden ist.

/// Schrift ///

Achte immer darauf, dass die Schrift gut lesbar ist und zum Thema passt. /

5 **Kreuzen Sie die Begriffe an, bei denen die Schriftart zum jeweiligen Beruf passt und auch lesbar ist.**

- ☐ Drogist
- ☐ Industriekaufmann
- ☐ Industriemechaniker
- ☐ HUFSCHMIED
- ☐ Fachinformatiker
- ☐ Straßenbauer
- ☐ Maurer

Wie man eine Präsentation plant und durchführt

/// Vorarbeiten für eine Präsentation ///

Du solltest festlegen, welches das wichtigste Ziel bei deiner Präsentation ist. Dementsprechend erstellst du dann einen Ablaufplan für deinen Vortrag. /

1 **Schreiben Sie auf, welches Ziel Ihnen am wichtigsten wäre, wenn Sie eine Präsentation über Ihre letzte Praktikumsstelle durchführen würden.**

____

2 **Ordnen Sie die folgenden Aspekte eines Praktikumsberichts zu einem sinnvollen Ablaufplan für eine Präsentation, indem Sie die Aspekte nummerieren.**

A	Fazit: Was ich in diesem Praktikum gelernt habe und was mir gefallen hat.	
B	Der Tagesablauf im Unternehmen	
C	Vorstellung des Unternehmens	
D	Vorstellung der Berufe im Unternehmen	
E	Wie war der Kontakt zu den Kollegen?	
F	Wie ich die Praktikumsstelle bekommen habe	
G	Dauer des Praktikums	
H	Schwierigkeiten bei der Arbeit	
I	Das Verhältnis zu den Vorgesetzten	
J	Was ich im Praktikum arbeiten musste	

/// Vortragen ///

Schreibe deinen Vortrag in Stichworten auf, sodass du ihn frei halten kannst. Übe den freien Vortrag so, dass du verständlich und interessant vortragen kannst. /

3 **Erstellen Sie Stichwortzettel zu drei Punkten Ihrer Wahl aus Aufgabe 2 und tragen Sie vor.**

4 a) **Schreiben Sie in Stichworten auf, wie Sie Ihre Präsentation zum letzten Praktikum mit einer lustigen Geschichte einleiten können.**

b) **Tragen Sie diese Geschichte frei vor.**

///Mimik, Gestik und Körperhaltung///

Achte bei einer Präsentation auf deine äußere Erscheinung, damit du auch als Person kompetent, überlegen und glaubhaft wirkst. /

5 **Streichen Sie die Aktivitäten durch, die Sie auf keinen Fall machen sollten, und begründen Sie Ihre Streichungen.**

A Am Kopf kratzen
B Das Ohrläppchen streicheln
C Im Gesicht herumfahren
D Das Publikum anschauen
E Während der ganzen Präsentation lächeln
F Eine Hand in die Hosentasche stecken
G Die Hände auf Bauchnabelhöhe ineinanderlegen
H Beide Hände nach oben öffnen
I Möglichst über das Publikum hinwegschauen
J Auf den Füßen wippen
K Die Arme vor dem Körper verschränken
L Beide Hände an die Wangen legen
M Immer eine Person anschauen
N Die Arme hinter dem Rücken verschränken
O Fäuste machen

6 **Vervollständigen Sie die Texte in den Sprechblasen und malen Sie Ihr Gesicht aus. Die Lösungen finden Sie jeweils spiegelverkehrt unter den Texten.**

A

Wenn ich etwas präsentiere, werde ich mit ____________ und ____________________ das Thema veranschaulichen.

Fotos | Diagrammen

C

Bei einer Präsentation wird mein mündlicher Vortrag wesentlich ____________________ als die Folien sein. Ich werde meine Zuhörer immer wissen lassen, zu ________________ ____________ der Folie ich rede.

umfangreicher | welchem Teil

B

Folien und Plakate werde ich so gestalten, dass die wesentlichen Aussagen durch ________________ ______________ ________________ ausgedrückt werden.

möglichst wenige Elemente

D

Bei Präsentationen werde ich ____________ reden und darauf achten, dass ich ____________________ wirke.

frei | kompetent

Was ich kann und noch besser können möchte

1 **Machen Sie den folgenden Test.**

	Aussage	stimmt	stimmt nicht
1	Informationen können mit Bildern weitergegeben werden.		
2	Bilder sind immer sachliche Informationen.		
3	Kreisdiagramme sind für die Darstellung von Entwicklungen besonders geeignet.		
4	Folien und Werbeplakate werden nach dem Minimalprinzip gestaltet.		
5	Bilder können Text ersetzen.		
6	Der mündliche Vortrag muss auf die Visualisierungsmittel genau abgestimmt sein.		
7	Bei der Schrift sollte man nur auf die Lesbarkeit achten.		
8	Zur Vorbereitung einer Präsentation gehört, dass man das Ziel genau festlegt.		
9	Den Vortrag muss man nicht üben.		
10	Eine Präsentation fängt man am besten mit einer Folie an, deren Text man vorliest.		
11	Es ist in Ordnung, wenn man von der Folie abliest und sich dabei vom Publikum wegdreht.		
12	Man sollte die Arme bei einer Präsentation nicht vor der Brust verschränken.		

2 **Kontrollieren Sie mithilfe der Lösung auf Seite 137, was Sie in Aufgabe 1 angekreuzt haben.**

3 **Füllen Sie die folgenden Sprechblasen aus.**

✓ Das kann ich gut:

____

____

____

Das möchte ich noch besser können:

____

____

____

Vorschläge für Projektarbeiten

- Den Wunsch-Beruf präsentieren: Plakat mit Slogan
- Eine Checkliste für die Rückmeldung zu einer Präsentation erstellen
- Fotos zusammenstellen: Das sollte ich bei einer Präsentation – Das sollte ich nicht

9 Geschäftliche Schreiben verfassen

Was das Briefe-Schreiben mit mir zu tun hat

A **Christian:** „Du könntest diesen Brief für mich schreiben", sagte mein Onkel vor kurzem zu mir, „das lernt ihr doch in der Schule."
Jetzt werde ich es ihm zeigen können.

B **Alexandra:** Als ich meinen Handy-Vertrag gekündigt habe, musste ich einen Brief schreiben und als Einschreiben abschicken.

C **Leon:** Wenn ich etwas erledigen muss, schreibe ich eine SMS oder telefoniere eben. Das geht schneller.

D **Sabrina:** Wenn du dich bewirbst, kannst du keine SMS schreiben.

E **Maria:** Ich mag es nicht, wenn ein Brief so ewig lang ist.

F **Miro:** Als ich per Internet was bestellt habe und das Falsche geliefert wurde, habe ich eine E-Mail geschrieben und reklamiert.

G **Ich:**

____

____

____

1 a) Lesen Sie die Texte in den Sprechblasen.
b) Markieren Sie die Stellen, an denen Sie etwas über geschäftliche Schreiben herauslesen können (siehe Beispiel in A).
c) Ergänzen Sie die Sprechblasen durch Ihren Text in G, in dem Sie Ihre Erfahrungen mit Briefen deutlich machen.

2 Tragen Sie vor, was Sie in Aufgabe 1b) markiert haben.

3 a) Wählen Sie die Sprechblase aus, über die Sie gerne reden möchten.
b) Stellen Sie hierzu Fragen und beantworten Sie die Fragen anderer.

4 a) Wählen Sie drei Aspekte aus (hier spiegelverkehrt geschrieben), die Ihrer Meinung nach ein gutes geschäftliches Schreiben in erster Linie ausmachen.

auf das Wesentliche konzentriert | fehlerfrei | höflich formuliert | klar aufgebaut | eindeutig verfasst | freundlich geschrieben | übersichtlich gestaltet | vollständig informierend

b) Ergänzen Sie den folgenden Satz mit Ihren Aspekten.

Für mich ist ein gutes geschäftliches Schreiben

____

____

Wie man geschäftliche Schreiben aufbaut

/// Form ///

Halte bei geschäftlichen Schreiben eine bestimmte Form ein (DIN 5008). Ein Beispiel findest du verkleinert auf dieser Seite. Diese Form sind die Empfänger gewohnt und erleichtern ihnen die Reaktion auf das Schreiben. /

1 **Ordnen Sie die fett gedruckten Begriffe (A–M) dem Schreiben zu und notieren Sie diese unter 1–13.**

1 Leon Gassmann
Max-Brückle-Platz 4
12752 Berlin
030 635239
E-Mail: leon.gm@aol.com

2 06.09.20XX

3

4 Herrn
Erich Ahlers
Mittlere Straße 136
10739 Berlin

5 **Anmeldung zum BEJ-Fußballturnier**

6 Sehr geehrter Herr Ahlers,

7 Sie ließen uns mitteilen, dass beim diesjährigen Fußballturnier noch Plätze frei sind. Unsere Klasse meldet sich zu diesem Turnier verbindlich an. Das Startgeld wurde von unserem Sportlehrer, Herrn Roth, bereits überwiesen.

8 Ich bin der Ansprechpartner für unsere Klasse. Wir werden unter dem Namen „Bad Boys' Beat" antreten und gelbe Trikots tragen.

9 Bitte bestätigen Sie mir die Zulassung per Mail. Vielen Dank.

10 Wir freuen uns auf das Turnier.

11 Mit freundlichen Grüßen

12 *Leon Gassmann*

13 Anlage
Kopie der Banküberweisung

Briefkopf

1 ____________________

2 ____________________

3 ____________________

4 ____________________

5 ____________________

6 ____________________

Inhalt

7 ____________________

8 ____________________

9 ____________________

10 ____________________

Schlussteil

11 ____________________

12 ____________________

13 ____________________

A **Empfänger/-in**
(Name und Adresse)

B **Unterschrift**
(handschriftlich)

C **Postalischer Vermerk**
(z. B.: *Einschreiben* – oder leer)

D **Absender**
(Name und Adresse mit Telefon und E-Mail)

E **Anlage(n)**
(auflisten, was dem Schreiben beiliegt; Gleichartiges zusammenfassen, z. B.: *2 Zeugniskopien*)

F **Anliegen näher ausführen**

G **Anlass des Schreibens**
(ausführlich angeben, worum es geht)

H **Anrede**
(z. B.: *Sehr geehrte Damen und Herren, …*)

I **Betreff**
(in Kurzform notieren, worum es geht; wie eine Überschrift: ohne Punkt am Ende)

J **Datum**
(XX.XX.20XX oder 20XX.XX.XX)

K **Grußformel**

L **Positive Erwartung ausdrücken**
(z. B.: *Ich freue mich, wenn …*)

M **Bitte aussprechen**
(oder Aufforderung)

/// Gliederung mit Leerzeilen ///

Gliedere den Brief sinnvoll mit Leerzeilen (siehe Muster in Aufgabe 1). So wird der Brief besser lesbar. /
Verwende die Standard-Einstellung bei Word. Für E-Mails gelten die gleichen Regeln wie für den Brief in Papierform. /

2 **Gliedern Sie den folgenden Briefausschnitt, indem Sie dieses Zeichen · einsetzen, wo Sie eine Leerzeile einfügen, und dieses Zeichen ∫ setzen, wo Sie nur eine neue Zeile beginnen.**

Sehr geehrte Damen und Herren, durch meinen Umzug hat sich auch meine Bankverbindung geändert. Mein Konto habe ich jetzt bei der Stadtbank Gießen BLZ 648 200 01 Kto.-Nr. 34 58 09 87. Ihre Abbuchungen sollten ab sofort von diesem Konto erfolgen.

3 a) **Bringen Sie die Teile eines Briefes (A–J) in die richtige Reihenfolge.**

b) **Schreiben Sie den Brief mit Ihrem Absender und dem heutigen Datum auf dem PC.**

A Widerruf des Kaufvertrags Nr. 42649 ☐

B Diesen Kaufvertrag widerrufe ich. ☐

C Saskia Diez ☐

D Anlage
Kopie der Bestellung ☐

E Sehr geehrter Herr Barth, ☐

F Saskia Diez
Dreifelderweg 9
72222 Sinsheim
07318 9876
E-Mail: s.diez@t-online.de ☐

G Mit freundlichem Gruß ☐

H 20XX.03.16 ☐

I über Ihren Vertreter, Herrn Naum, habe ich vor drei Tagen, am 13. März 2011, ein Jahresabonnement der Zeitschrift „TV aktuell" bestellt. ☐

J Einschreiben mit Rückschein
Media VT
Herrn Alexander Barth
Breite Allee 17
75000 Offenburg ☐

Wie man höflich schreibt

/// Höflich ///

Bleib immer höflich, auch wenn du dich vielleicht ärgerst. /
Zeig dem andern deine Wertschätzung. /

1 Schreiben Sie bestimmt, aber bleiben Sie höflich.

A Sie haben mir ein Exemplar zu wenig geschickt. Das ist eine Schweinerei.

Beispiel:
Ein Exemplar hat bei Ihrer Sendung gefehlt.

B Ich erwarte, dass Sie das fehlende Exemplar sofort nachsenden, sonst werde ich gerichtlich gegen Sie vorgehen.

C Sie sind wohl verrückt geworden, mir diese Ware zur Ansicht zu schicken. Das habe ich nie und nimmer verlangt. Zudem habe ich nur Ärger damit.

D Das lasse ich mir nicht bieten, dass Sie mir erneut eine Mahnung schicken. Ich habe die Rechnung schon vor ein paar Tagen bezahlt. Belästigen Sie mich also nicht.

/// Kurz, knapp, klar ///

Belaste den Empfänger nicht durch unnötige und lange Ausführungen. Versetze dich in seine Situation, damit du nichts vergisst. /

2 Vereinfachen Sie die Sätze, indem Sie überflüssige Angaben streichen.

A Hiermit bestelle ich die Uhr von Seite 23, die Sie groß abgebildet haben. Aber sie sollte schon bis 50 m wasserdicht sein. Ich hoffe, dass Ihre Angaben im Katalog auch zutreffen. Sie haben auf jeden Fall bei meiner Uhr mit der Bestellnummer 129 786 angegeben, dass sie bis 50 m wasserdicht sei.

B Sie haben mir einen Schal vom FCF geschickt. Es kann nicht sein, dass ich einen Schal von diesem Klub bestellt habe. Ich bin praktisch von Geburt an Fan des SV G. Seien Sie doch so nett und schicken Sie mir bitte den Fanschal vom SV G. Da ich den Schal des FCF kaum anfassen kann, schicke ich ihn selbstverständlich zurück.

/// Korrekt schreiben ///

Zeige deine Wertschätzung dem anderen gegenüber auch dadurch, dass du Fehler vermeidest. /

3 Schreiben Sie das Anredepronomen (Anredefürwort) „Sie" und die abgeleiteten Formen (Ihr, Ihnen, Ihrem, ...) groß, das Anredepronomen „du" und die abgeleiteten Formen (du, dir, deinem, ...) klein oder groß.

A Bitte schicken ____________ mir ____________ kostenloses Prospektmaterial über die Ferienanlage.

B Vor drei Wochen habe ich bei ______________ das Fanshirt S 12 bestellt, das bis jetzt nicht angekommen ist. Auf ______________ Homepage versprechen __________ jedoch eine Lieferung innerhalb von fünf Tagen.

C Hallo Gerd, ich habe __________ gestern gesagt, dass __________ __________ mit der Reparatur meines Fahrrads nicht beeilen musst. Nun brauche ich es aber doch morgen schon. Ich hoffe, __________ hast Zeit dafür.

4 Bilden Sie mit den Wörtern in der mittleren Spalte Straßennamen nach dem folgenden Muster.

Muster:
Münchener Straße, Franz-Kafka-Allee, Münzgasse

A Hans Breuer	1 Allee	__________
B Dortmund	2 Straße	__________
C Schiller	3 Weg	__________
D Eric Kaufmann	4 Gasse	__________

5 Fügen Sie die Satzteile sinnvoll zusammen und trennen Sie die Infinitivgruppen durch Komma ab.

Beispiel:
Wir bitten Sie, dies zu entschuldigen.

A Sie / die Datei / mir / zu senden / Ich bitte / noch einmal darum

B auf einen späteren Termin / Durch unvorhersehbare Ereignisse / auszuweichen / sind wir dazu gezwungen

C zu machen / Das ist / sich ein Bild / eine Möglichkeit / von unseren Produkten

6 Vervollständigen Sie die Sprechblasen und malen Sie Ihr Gesicht aus. Die gesuchten Begriffe ergeben sich durch Vertauschen der Silben unter der Sprechblase.

A

Beim Schreiben an Behörden und Unternehmen werde ich eine bestimmte __________ __________ einhalten.

äuFormreße

C

Ich werde das geschäftliche Schreiben __________, __________ und __________ formulieren und mich auf __________ konzentrieren.

lichesklarlichknappWehöfsent

B

In der Regel nenne ich __________ __________, warum ich schreibe, formuliere __________ __________ und __________ es ausführlich.

grünAndenlieAngenlassbedasde

D

Es gehört zur __________, dass ich Fehler __________ und damit dem anderen meine Wertschätzung zum Ausdruck bringe.

lichverHöfdemeikeit

Was ich kann und noch besser können möchte

1 Machen Sie den folgenden Test.

	Aussage	stimmt	stimmt nicht
1	Ganz oben im Brief stehen die Absenderangaben, dann folgt die Anschrift des Empfängers.		
2	Den Betreff sollte man sehr ausführlich formulieren.		
3	Wenn in der Empfängeranschrift eine konkrete Person genannt ist, muss die Anrede an diese Person gerichtet sein.		
4	Nach der Anrede setzt man ein Komma und schreibt das erste Wort des Briefinhalts immer groß.		
5	Der Briefinhalt wird meist in drei bis fünf Abschnitte gegliedert, die durch eine Leerzeile getrennt sind.		
6	Das Anliegen nennt man erst zum Schluss.		
7	Da man in geschäftlichen Schreiben häufig etwas vom Empfänger möchte, sollte man unbedingt höflich schreiben.		
8	In einem geschäftlichen Schreiben sollte man ruhig etwas erzählen, damit der Brief für den Empfänger interessant wird.		
9	Beim Schreiben sollte man sich in die Situation des Empfängers versetzen, um zu kontrollieren, ob man nichts vergessen hat und überzeugend wirkt.		
10	Straßennamen werden grundsätzlich zusammengeschrieben.		
11	Infinitivgruppen trennt man meist mit Komma ab.		

2 Kontrollieren Sie mithilfe der Lösung auf Seite 137, was Sie in Aufgabe 1 angekreuzt haben.

3 Füllen Sie die folgenden Sprechblasen aus.

✓ Das kann ich gut:

____

____

____

Das möchte ich noch besser können:

____

____

____

Vorschläge für Projektarbeiten

- Textbausteine zu bestimmten Briefthemen sammeln
- Briefkopf individuell gestalten
- Eine Sammlung von Musterbriefen anlegen

Musteraufsatz: Einen Geschäftsbrief verfassen

1 **Lesen Sie die Angaben zur Situation.**

Situation:
Anne hat mit ihren Freunden eine kostenlose Schnupperparty der örtlichen Tanzschule besucht. Diese war so toll, dass sich Anne am nächsten Tag zu einem Grundkurs angemeldet und mit 40 € von ihrem Taschengeld anbezahlt hat.
Am 19. März hat sich die Tanzschule schriftlich bei Anne für die Anmeldung bedankt, die erhaltene Anzahlung in Höhe von 40 € quittiert und die Rechnung für den Grundkurs beigelegt.
Der Grundkurs umfasst acht Unterrichtsstunden je 75 Minuten und zwei Unterrichtsstunden in Umgangsformen. Er beginnt am 5. April. Die Gesamtkosten betragen 130 € pro Person. Darin ist der Abschlussball enthalten. Der noch zu zahlende Restbetrag von 90 € soll innerhalb von vier Wochen beglichen werden.
Anne bittet ihre Eltern um das erforderliche Geld, da sie monatlich nur 50 € Taschengeld bekommt. Aber diese sind nicht damit einverstanden, dass sich ihre Tochter zum Tanzkurs angemeldet hat. Sie halten das für eine überflüssige Geldausgabe.
Anne lässt sich von den Eltern überzeugen und soll nun den Brief für ihre Eltern aufsetzen.

2 **Verfassen Sie im Namen von Annes Eltern einen Geschäftsbrief an die Tanzschule. Erklären Sie, dass Sie in den Vertrag nicht einwilligen, und bitten Sie um Rückerstattung der Anzahlung auf das Konto der Eltern (Angabe der Kontoinhaber, des Namens der Bank, der Kontonummer und der Bankleitzahl).**

Hinweise:
- Die Adresse der Tanzschule und von Annes Eltern müssen Sie sich ausdenken, auch die Angaben zur Bankverbindung.
- Beachten Sie die Form des Geschäftsbriefs.
- Formulieren Sie höflich und schreiben Sie korrekt.

Rechtlicher Hinweis:

Bürgerliches Gesetzbuch (BGB)
§ 108

Schließt ein Minderjähriger einen Vertrag ohne die erforderliche Einwilligung des gesetzlichen Vertreters, so hängt die Wirksamkeit des Vertrags von der Genehmigung des Vertreters ab.

Anmerkung:
Minderjähriger: Person unter 18 Jahren
gesetzlicher Vertreter: Mutter, Vater oder Person, die das Sorgerecht hat

Musterlösung

Brigitte und Markus Vollmer
Kirchstr. 28
31191 Algermissen
05121 74341[1]

21.03.20XX[2]

Tanzschule Brinkmann
Hospitalstr. 17
31134 Hildesheim[3]

Rücktritt von der Anmeldung[4]
Ihr Schreiben vom 19.03.20XX[5]

Sehr geehrte Frau Brinkmann,
sehr geehrter Herr Brinkmann,[6]

vor einer Woche, am 14.03. dieses Jahres, nahm unsere Tochter Anne an der Schnupperparty Ihrer Tanzschule teil und meldete sich anschließend zum Tanzkurs ab dem 5. April an. Dabei leistete sie eine Anzahlung von 40,– € von ihrem Taschengeld.[7]

Wir sind nicht damit einverstanden, dass sie diesen Tanzkurs absolviert, und willigen deshalb nicht in den Vertrag ein.[8]

Bitte überweisen Sie die Anzahlung[9] von 40,– € auf unser Konto bei der
Spako Bank, Hannover
BLZ 600 495 01
Kto.-Nr. 17577908[10].

Wir hoffen, Sie haben Verständnis für unsere Entscheidung. Ihnen alles Gute bei der weiteren Arbeit.[11]

Mit freundlichen Grüßen[12]

Brigitte Vollmer, Markus Vollmer[13]

Brigitte Vollmer, Markus Vollmer[14]

1 *Absenderangabe mit Telefonnummer*

2 *Datum, an dem der Brief geschrieben wurde*

3 *Anschrift des Empfängers*

4 *Betreff (Kurzform, worum es geht)*

5 *Bezug (in diesem Fall der Brief der Tanzschule, der an Anne gerichtet war)*

6 *Anne hat herausgefunden, dass Frau und Herr Brinkmann die Tanzschule gemeinsam führen.*

7 *Beschreibung der Ausgangssituation*

8 *Das eigentliche Anliegen: Keine Einwilligung in den Vertrag*

9 *Bitte (Forderung)*

10 *Übersichtliche Gliederung, vollständige Angabe der Bankverbindung, damit keine Nachfragen mehr nötig sind*

11 *Ausdruck der Hoffnung, Schaffung einer freundlichen Atmosphäre*

12 *Gruß*

13 *Handschriftliche Unterschrift*

14 *Wiederholung der Namen, falls Unterschrift nicht leicht lesbar*

10 Sich bewerben

Was Bewerben mit mir zu tun hat

A **Sandra:** Ich habe mich schon zweimal per E-Mail beworben. Das hat mir Spaß gemacht. Aber nicht alle Firmen wollen das.

B **Jens:** Meine Schwester liest die Bewerbungsunterlagen noch mal sorgfältig durch und korrigiert sie. Erst dann schicke ich alles weg.

C **Claudia:** Ich rufe die Firma an und frage nach, wie weit meine Bewerbung schon bearbeitet worden ist. Ich bin so schon mal zum Probearbeiten eingeladen worden.

D **Alex:** Während ich den Umschlag zuklebe, habe ich oft schon kein gutes Gefühl. Aber ich weiß auch viel zu wenig über die Jobs, auf die ich mich bewerbe.

E **Kasif:** Morgen fahre ich zum Vorstellungsgespräch nach Ahlen – 120 km, aber egal! Ich will unbedingt pünktlich sein.

F **Ich:**

____

____

____

1 **a) Lesen Sie die Texte in den Sprechblasen.**
b) Markieren Sie Textstellen, an denen Sie etwas über das Bewerben erfahren (siehe Beispiel in A).
c) Schreiben Sie Ihre Erfahrungen mit Bewerbungen in die leere Sprechblase.

2 **Stellen Sie vor, was Sie in Aufgabe 1b) markiert haben.**

3 **a) Wählen Sie eine Sprechblase aus, über die Sie reden wollen.**
b) Stellen Sie hierzu eine Frage, die Sie gerne beantwortet haben möchten, und beantworten Sie die Fragen anderer.

4 **a) Kreisen Sie drei Gesichtspunkte (spiegelverkehrt geschrieben) ein, die für Sie in erster Linie eine gute Bewerbung ausmachen.**

über den Betrieb informiert sein | pünktlich sein | fehlerfrei schreiben | selbstbewusst auftreten | ein vorteilhaftes Passfoto wählen | ausführlich seine Qualifikation beschreiben | sich im Beruf gut auskennen | selbst aktiv werden

b) Ergänzen Sie den folgenden Satz mit Ihren Gesichtspunkten.

Will man sich erfolgreich bewerben, sollte man meiner Meinung nach in erster Linie

____

____

Wie man Stellenanzeigen auswertet

/// Der Beruf in der Stellenanzeige ///

Lies die Stellenanzeige sehr sorgfältig und markiere darin alle Tätigkeiten und Anforderungen an dich. /

1 a) **Lesen Sie die folgende Stellenanzeige genau und markieren Sie alle in der Anzeige genannten Tätigkeiten, Anforderungen und Arbeitsorte jeweils mit unterschiedlichen Farben.**

Starten Sie bei ZENTRAL in die Zukunft!
Werden Sie Fachlagerist/-in!

Während Ihrer Ausbildung lernen Sie alle Stationen des Warenflusses in unserem Zentral-Lager in Ditzingen kennen. Zusätzlich sind jeweils mehrwöchige Ausbildungsphasen in unseren Lagern in Fellbach und Wertheim vorgesehen.

Sie prüfen Wareneingänge und erfassen alle gelieferten Artikel mit Sorgfalt in Listen und am Computer. Auch stellen Sie Warenlieferungen für unsere Märkte zusammen. Hierbei spielen Volumen- und Gewichtsberechnungen eine große Rolle. Das Verladen der Waren gehört ebenfalls zu Ihren Tätigkeiten. Transportmaschinen unterstützen Sie dabei. Regelmäßig kontrollieren Sie die Lagerbestände. Etwa die Hälfte unserer Güter lagern im Kühlhaus.

Sie haben einen Hauptschulabschluss mit mindestens befriedigenden Noten in Mathematik? Sie arbeiten auch unter Druck zügig, aber sorgfältig und bringen eine gute körperliche Verfassung mit?

Dann freuen wir uns auf Ihre vollständigen Bewerbungsunterlagen!
Fa. ZENTRAL, Frau Ingrid Claßen, Hausgasse 7, 71254 Ditzingen

b) **Notieren Sie Ihre Markierungen als Stichworte in einer Tabelle nach folgendem Muster.**

Angebotener Ausbildungsberuf	Tätigkeiten (Was?)	Welche Anforderungen?	Arbeitsorte (Wo?)	Adresse und Ansprechpartner/-in
Fachlagerist/-in	*Wareneingänge prüfen,* …	*Sorgfalt,* …	*Ditzingen,* …	

2 a) **Fügen Sie jeweils eine der folgenden Konjunktionen (Bindewörter) in die Lücken ein.**

Konjunktionen: obwohl dass weil ~~wenn~~ wenn deshalb

A Es wird der Hauptschulabschluss vorausgesetzt, *wenn* man sich für eine Ausbildung als Fachlagerist/-in bewirbt.

B Es werden mindestens befriedigende Mathematikkenntnisse verlangt, ____________ in dem Beruf Transportvolumen und Gütergewichte eine große Rolle spielen.

C ______________ Warensendungen erfasst werden, ist Sorgfalt wichtig.

D ____________________ man als Fachlagerist/-in bei Verladearbeiten von Maschinen unterstützt wird, sollte man eine gute körperliche Verfassung mitbringen.

E Im Bereich Warenhandel herrscht häufig Termindruck. ____________________ wird verlangt, __________ man auch unter Druck zügig und sorgfältig arbeiten kann.

b) Unterstreichen Sie in den Sätzen bei 2a) jeweils den Nebensatz und markieren Sie die gebeugte Form des Verbs (Tätigkeitswortes) nach folgendem Muster.

Muster:
Ein Nebensatz ist daran zu erkennen, dass die gebeugte Form des Verbs am Ende des Satzes steht. Ein weiteres Kennzeichen ist, dass ein Nebensatz nicht für sich allein stehen kann.

3 **a) Markieren Sie in der Stellenanzeige rechts alle Anforderungen an die Bewerberin/den Bewerber.**

b) Verbinden Sie jeweils einen Hauptsatz (A–E) so mit einem Nebensatz (1–5), dass ein sinnvolles Satzgefüge entsteht. Achten Sie auf die Rechtschreibung und Zeichensetzung.

Beispiel A 3:
„Bei Stress erst richtig aufblühen" kann bedeuten, dass man seelisch und körperlich dem hektischen Alltag eines Koches wahrscheinlich gewachsen sein wird.

	Hauptsatz		Nebensatz
A	„bei Stress erst richtig aufblühen" kann bedeuten	1	weil Köche viel mit Mengenangaben und der Zusammensetzung von Lebensmitteln zu tun haben
B	die Zubereitung von Speisen setzt voraus	2	weil man immer wieder auf besondere Kundenwünsche trifft und nicht immer pünktlich Feierabend hat
C	erste praktische Erfahrungen und Freude am Kochen sollte man haben	3	dass man seelisch und körperlich dem hektischen Alltag eines Koches wahrscheinlich gewachsen sein wird
D	gute Kenntnisse in Mathematik und Grundkenntnisse in Chemie sind wichtig	4	damit man die Ausbildung nicht völlig ahnungslos nach kurzer Zeit mit einem Praxisschock wieder abbricht
E	Flexibilität wird verlangt	5	dass alle daran beteiligten Personen eng zusammenarbeiten

Arbeiten, wo die Welt zu Gast ist!

Ausbildung zum Koch/zur Köchin

Sie verfügen über eine abgeschlossene Schulausbildung und haben schon mal im Bereich Gastronomie gejobbt?

Sie haben Freude am Kochen und blühen bei Stress erst richtig auf? Zuverlässigkeit, Flexibilität und Teamgeist sind für Sie keine Fremdwörter?
Sie verfügen über gute Kenntnisse in Mathematik und Grundkenntnisse in Chemie?

Dann bieten wir Ihnen eine vielfältige, spannende und hervorragende Ausbildung in unserem internationalen, jungen und kreativen Team!

Wir warten auf Ihre vollständigen Bewerbungsunterlagen!

Hotel am Flughafen
Herr Ürper
Flughafenstraße 39
60549 Frankfurt am Main

4 **Bilden Sie aus den Silben Substantive (Hauptwörter) und schreiben Sie sie groß.**

Silben: ant be ehr falt höf keit keit lich lich reit schaft sorg tungs ver wor

Wie man das Bewerbungsanschreiben in eine angemessene Form bringt

///Äußere Form///

Halte dich beim Verfassen des Bewerbungsanschreibens an die Form des geschäftlichen Schreibens (DIN 5008 – siehe S. 84–85). /

1 a) **Lesen Sie dieses Bewerbungsanschreiben aufmerksam.**

1 — Lasse Kaufhold – Hauptstraße 86 – 53359 Rheinbach – 02226 1478 – Kaufhold@web.de

2 — Autohaus Matzke
Frau Eva Matzke
Obere Torstraße 68
53879 Euskirchen

3 — 24. April 20XX

4 — **Bewerbung um die Ausbildungsstelle als Kfz-Mechatroniker**

5 — Sehr geehrte Frau Matzke,

6 — im Tagesanzeiger vom 23. April 20XX habe ich die Anzeige gelesen, mit der Sie zum 1. August 20XX einen Auszubildenden suchen. Ich bewerbe mich bei Ihnen um diese Stelle.

7 —

Seit meinem Praktikum im Autohaus Apel weiß ich, dass mir der Beruf des Kfz-Mechatronikers auch in der Praxis liegt. In meiner Praktikumsbescheinigung können Sie sehen, dass ich vor allem in den Bereichen Elektronik und Karosserie erste Erfahrungen gemacht habe. Auch die von Ihnen gewünschte Einsatzfreude und handwerkliches Geschick wurden mir bescheinigt. — A

Schon seit meiner Kindheit bin ich Fan der Automarke, mit der Sie hauptsächlich handeln. Deshalb würde ich mich sehr freuen, wenn ich bei Ihnen meinen Traumberuf erlernen und so zum Vertrauen Ihrer Kunden in Ihre Marke beitragen könnte. — B

Bis zum Juli 20XX besuche ich noch das Berufsgrundschuljahr für Metalltechnik am Berufskolleg Euskirchen. Besonders viel Spaß macht mir der fachpraktische Unterricht. Aber auch in Deutsch und Mathematik erwarte ich gute Endnoten. — C

Für ein Vorstellungsgespräch stehe ich Ihnen gerne zur Verfügung. — D

8 — Mit freundlichen Grüßen

9 — *Lasse Kaufhold*

10 — Anlage
Bewerbungsmappe

b) Lösen Sie das Silbenrätsel, indem Sie die umschriebenen „Formteile" 1 bis 10 (siehe unten) des Bewerbungsanschreibens benennen.

Silben für das Rätsel: AB AN AN AN BE BE BE BUNGS DA DE DER DES EMP FAEN FOR GEN GERS GRUSS LA MEL RE SCHRIFT SCHRIFT SEN TER TEXT TREFF TUM UN WER ZUG

Formteile:

1 Braucht der Empfänger der Bewerbung, um schriftlich oder telefonisch antworten zu können
2 Braucht der Briefträger
3 Sollte stets aktuell sein; zeigt auch, wie schnell jemand auf eine Stellenanzeige reagiert hat
4 Gibt in Stichworten kurz und genau wieder, worum es in dem Brief geht; meistens fett gedruckt
5 Unverzichtbarer Ausdruck der Höflichkeit; wenn Name bekannt ist: Sehr geehrte Frau .../Sehr geehrter Herr ... – sonst: Sehr geehrte Damen und Herren, ...
6 Einleitender Hinweis, worauf sich die Bewerbung bezieht (z. B. Stellenangebot in einer Zeitung)
7 Ort, um für sich zu werben, z. B. indem man Eigenschaften und Fähigkeiten nennt, durch die man sich von Mitbewerbern unterscheidet („persönliche Note")
8 Üblich: Mit freundlichen Grüßen (ohne abschließendes Satzzeichen)
9 Vor- und Zuname
10 Hinter diesem Wort steht kein Doppelpunkt und es wird nicht fett gedruckt; Sammelbegriff unter das gesuchte Wort zu schreiben (z. B. Bewerbungsmappe), ist möglich

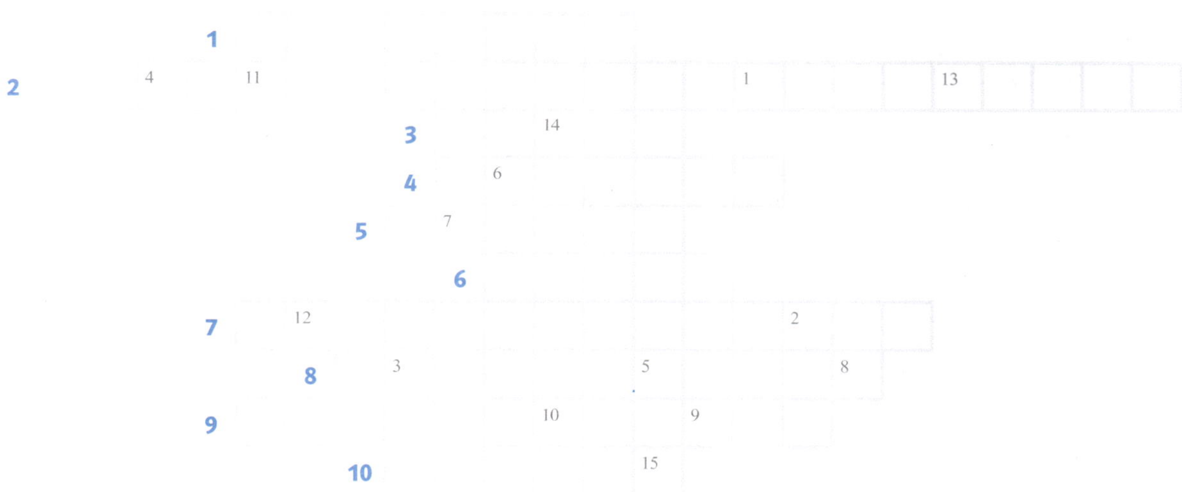

Lösungswort: _ _ _ _ _ _ _ _ _ _ _ E _ O _ _
1 2 3 4 5 6 7 8 9 10 11 12 13 14 15

2 Kennzeichnen Sie die richtige Reihenfolge des Bewerbungstextes mit den Buchstaben A bis D.

	Ich freue mich, wenn Sie mich zu einem Vorstellungsgespräch einladen.
	Vor Ihrem Ausstellungsraum bin ich oft stehen geblieben und habe die Genauigkeit bewundert, mit der Sie Ihre Möbel anfertigen. Auch die Vielfalt Ihrer Produkte fasziniert mich.
A	Holz ist mein Lieblingswerkstoff. Ich arbeite gern in der kleinen Werkstatt, die ich zusammen mit meinem Vater eingerichtet habe. So konnte ich bereits die Decke in meinem Zimmer mit Holz vertäfeln und ein Regal für meine Musikanlage anfertigen.
	Im Juli dieses Jahres werde ich die Abschlussprüfung im Berufsgrundschuljahr ablegen, sodass ich im August die Ausbildung beginnen könnte.

Wie man das Bewerbungsanschreiben inhaltlich und sprachlich gestaltet

/// Berufswahl und Eignung ///

Begründe in deinem Bewerbungsanschreiben deine Berufswahl. Belege deine Eignung mit Hinweisen auf eigene Erfahrungen und Fähigkeiten. /

1 **Lesen Sie die Anzeige und markieren Sie alle Anforderungen an die Bewerberin/den Bewerber.**

Krüger
Zimmerei – Holzbau

Seit über 50 Jahren steht unser Name für hochwertigen Holzbau. Wir stellen Holzkonstruktionen und Holzbauten aller Art her. Ein weiterer Schwerpunkt liegt in der Sanierung historischer Gebäude oder in Inneneinrichtungen aus Holz.

Zum 1. August 20XX richten wir wieder zwei neue Lehrstellen ein und suchen deshalb

Auszubildende zum Zimmerer m/w

Sie:
- sind handwerklich geschickt?
- haben schon Teamarbeit erlebt?
- sind flexibel und körperlich belastbar?
- sind höhentauglich?

Dann senden Sie bitte unserem Herrn Schulte Ihre Bewerbungsunterlagen zu:
Krüger Zimmerei – Holzbau, 31675 Bückeburg, Turmstraße 25, info@zimmerei-krüger.de

Stadtkurier, 16. Februar 20XX

2 a) **Lesen Sie die Ausschnitte aus Bewerbungsanschreiben genau.**

b) **Beurteilen Sie auf einer Skala von 0 (nicht überzeugend) bis 3 (sehr überzeugend) die jeweiligen Begründungen, indem Sie die entsprechende Ziffer ankreuzen.**

	Begründungen für die Berufswahl	Beurteilung
1	Ich möchte Zimmerer werden, weil ich gerne handwerklich arbeite.	0 – 1 – 2 – 3
2	Ich habe in den Ferien schon einmal im Zimmereibetrieb meines Onkels gearbeitet. Das war sehr interessant.	0 – 1 – 2 – 3
3	Schon am ersten Tag des Praktikums in der Firma Müller war mir klar, dass ich Zimmerer werden will. Alles ging mir leicht von der Hand. Ich bin seit dem Praktikum schon mehrfach gebeten worden, samstags in der Zimmerei auszuhelfen.	0 – 1 – 2 – 3

c) **Tragen Sie Ihre Beurteilung vor und begründen Sie sie.**

3 **Bilden Sie Sätze, mit denen man darauf hinweisen könnte, dass man die in der Stellenanzeige (siehe Aufgabe 1) genannten Anforderungen erfüllt. Sie können Teile der Formulierungshilfen verwenden.**

A **Handwerkliches Geschick** Erfahrungen im Fach Werken / mit Werkzeugen geschickt umgehen können / gut mit den Händen arbeiten können

In meinem Lieblingsfach Werken habe ich die Erfahrung gemacht, dass ich gut mit den Händen arbeiten kann.

B **Höhentauglichkeit** Praktikum als Gerüstbauer / keine Angst vor großen Höhen haben / Sportklettern als Hobby / arbeitsmedizinische Bescheinigung über Höhentauglichkeit nach G41 liegt vor

C **Flexibilität** in den Ferien oft mitgereist, wenn Vater auf Montage war / auf Veränderungen positiv reagieren / sich über neue Aufgaben freuen / gerne an wechselnden Orten arbeiten

///Motivation für die Firma///

Vermeide Sammelbewerbungen. Mache deutlich, warum du dich ausgerechnet bei der von dir angeschriebenen Firma bewirbst. /

4 a) **Unterstreichen Sie in dem Ausschnitt aus einem Bewerbungsanschreiben die Sätze, mit denen begründet wird, warum die Bewerberin sich ausgerechnet bei der Firma Trend-Moden bewirbt.**

b) **Fügen Sie das Anredepronomen (Anredefürwort) „Sie" jeweils in seiner richtigen Form in die Lücken des Textes ein. Schreiben Sie das Anredepronomen und seine abgeleiteten Formen (Ihr, Ihnen, ...) jeweils groß.**

Seit einem Praktikum im Modehaus Schnitzler weiß ich, dass ich gerne Verkäuferin werden möchte.

In meiner Praktikumsbescheinigung können *Sie* sehen, dass ich erste Erfahrungen in der Sortimentspflege und im wirksamen Präsentieren von Waren gemacht habe. Außerdem durfte ich bereits Kundenberatungen durchführen. Die von ________ gewünschte Kommunikationsfähigkeit wird mir dort ebenfalls bescheinigt.

Seit ich etwas mehr Taschengeld habe, zieht es mich immer wieder in _______ Laden. Dort finde ich genau meinen Geschmack. Ich glaube, dass ich mich während einer Ausbildung bei __________ sehr wohl fühlen könnte und auch äußerlich gut zu ___________ Geschäft passen würde. Deshalb würde ich mich sehr freuen, wenn ich bei _______________ meinen Traumberuf erlernen und mit meinem freundlichen Auftreten viele neue Kunden für _______ Textilgeschäft gewinnen könnte.

Bis zum Juli 20XX besuche ich noch das Berufsgrundschuljahr am Berufskolleg Münster. Die fachpraktischen Projekte haben mir immer besonders gefallen. In Deutsch und Mathematik erwarte ich gute Endnoten.

Gerne stehe ich _______ für ein Vorstellungsgespräch zur Verfügung.

5 **Verfassen Sie ein vollständiges Bewerbungsanschreiben für ein Stellenangebot Ihrer Wahl.**

Wie man einen Lebenslauf schreibt

/// Form ///

Verwende ein Muster, das dir gefällt und zum Verlauf deines Lebens passt. Wichtig sind Übersichtlichkeit sowie Lückenlosigkeit und richtige Reihenfolge bei Zeitangaben. /
Vergiss auf keinen Fall deine Unterschrift. Das Datum sollte mit dem Datum auf deinem Bewerbungsanschreiben übereinstimmen. /

1 **Tragen Sie die Bezeichnungen für die Teile eines Lebenslaufs an den richtigen Stellen in das Muster ein.**

Bezeichnungen: Praktische Tätigkeiten | Freizeitinteressen | Persönliche Daten | Schulbildung

Lebenslauf

____

Lasse Kaufhold
Hauptstraße 86, 53359 Rheinbach
geboren am 7. April 19XX in Meckenheim
02226 1478
Kaufhold@web.de

____

07/20XX – 08/20XX	Grundschule, Rheinbach
07/20XX – 07/20XX	Hauptschule, Rheinbach
Schulabschluss:	07/20XX Hauptschulabschluss
seit 09/20XX	Berufsgrundschuljahr für Metalltechnik am Berufskolleg Euskirchen
Lieblingsfächer:	Fertigungstechnik und Mathematik

____

Sommerferien 20XX und 20XX	Ferienarbeit auf dem Bauernhof meines Onkels in Urbach
Februar 20XX	zweiwöchiges Praktikum im Autohaus Apel, Euskirchen

____

Modellbau, Mountainbiking

Rheinbach, 24. April 20XX

Lasse Kaufhold

/// Inhalt ///

Mache Angaben zu Namen und Berufen der Eltern, zu besonderen Fähigkeiten/Kenntnissen sowie zu Lieblingsfächern oder Freizeitinteressen nur, wenn sie deine Bewerbungschancen vergrößern. /

2 **Schreiben Sie die folgenden Freizeitaktivitäten jeweils unter die möglichen Anforderungen an Bewerberinnen und Bewerber. Sie können mehrfach zuordnen und weitere Hobbys ergänzen.**

Freizeitaktivitäten

kirchliche Jugendarbeit / ehrenamtliche Trainertätigkeit / Rad fahren / Modellbau / Fußball spielen / Babysitten / ~~Joggen~~ / Sportklettern / Vorlesen im Blindenheim / Fahrräder reparieren / Schwimmen / Mitgliedschaft in der Feuerwehr / Vorstandsarbeit im Verein

Körperliche Belastbarkeit/Fitness *Joggen,* ____________________

Sorgfalt/Genauigkeit ____________________

Teamfähigkeit ____________________

Verantwortungsbereitschaft ____________________

Soziales Engagement ____________________

3 **Markieren Sie Zusammengehörendes jeweils mit gleichen Farben.**

Besonderheiten in Lebensläufen	Mögliche Schlussfolgerungen des Lesers	Tipps
1 Es wurden fünf Grundschuljahre angegeben.	A Bewerber/-in hat keinen Schulabschluss oder ist nicht sorgfältig.	I Lebenslauf immer sehr sorgfältig verfassen und gegenlesen lassen.
2 Für eine Bewerbung als Verkäufer/-in wurden die Berufe der Eltern mit Busfahrerin und Kinderpfleger angegeben.	B Sie/er ist sitzengeblieben.	II Namen und Berufe der Eltern weglassen.
3 Es wurde vergessen, den Schulabschluss anzugeben.	C Sie/er hat keine Hobbys und deswegen viel Zeit für die Ausbildung oder sie/er hat keine persönlichen Interessen und führt privat ein langweiliges Leben.	III Die „Ehrenrunde" im Vorstellungsgespräch erläutern.
4 Es wurden keine Hobbys genannt.	D Weil die Berufe der Eltern nichts mit der angebotenen Stelle zu tun haben, hat sie/er den Lebenslauf für eine Sammelbewerbung geschrieben.	IV Im Lebenslauf oder Vorstellungsgespräch eventuell auch nicht hundertprozentig zum Beruf passende Hobbys nennen, um nicht langweilig zu wirken.

4 a) **Entwerfen Sie Ihren Lebenslauf in tabellarischer Form zunächst handschriftlich. Verwenden Sie das Muster bei Aufgabe 1 oder ein anderes, das Ihnen geeignet erscheint. Vermeiden Sie Rechtschreib-, Grammatik- und Zeichensetzungsfehler.**

b) **Schreiben Sie Ihren Lebenslauf in tabellarischer Form mit dem PC.**

Wie man sich auf ein Vorstellungsgespräch vorbereitet

/// Vorbereitung ///

Lies noch einmal deine Bewerbungsunterlagen durch und informiere dich erneut gründlich über den Beruf und die Firma. / Überlege dir Fragen, die dir gestellt werden könnten und die du selbst stellen möchtest. /

1 **Lesen Sie den Text genau und markieren Sie Textstellen, an denen deutlich wird, dass Anja Fehler gemacht hat.**

„Au weia, ich bin heute fürchterlich auf die Nase gefallen. Für das Vorstellungsgespräch bei der Firma Kelbke-Metall hatte ich mir von Kerstin trendige Klamotten geliehen, unter anderem einen engen Rock und hochhackige Schuhe. Ich wollte richtig Eindruck schinden. Auch beim Schminken hatte ich mir extreme Mühe gegeben. Das Dumme war nur, dass ich darin nicht so geübt bin, weil ich Schminken hasse. Deshalb habe ich prompt den Bus verpasst und kam total abgehetzt zehn Minuten zu spät. Die Herren, bei denen ich mich vorstellen sollte, wollten gerade wieder gehen. Als sie mich dann sahen, kriegten die zunächst den Mund nicht mehr zu. Inzwischen weiß ich, wieso. Im Gespräch merkte ich, dass ich mich gar nicht informiert hatte, was die Firma eigentlich herstellt. Die Frage, was in meinem Traumberuf während der Ausbildung von mir verlangt wird, konnte ich nur mit einem Achselzucken beantworten. Es war gnadenlos. Ich wusste auf keine Frage eine vernünftige Antwort. Als ich dann selber Fragen zur Firma und zu meiner Ausbildung stellen sollte, konnte ich nur noch verlegen in die Ecke starren. Ich war unheimlich froh, als das vorbei war. Hätten die Herren lauthals gelacht, als ich beim Rausgehen mit meinen Schuhen umgeknickt bin, wäre ich wahrscheinlich schon dort in Tränen ausgebrochen."

2 **Leiten Sie aus Anjas Fehlern (siehe Aufgabe 1) Tipps für die Vorbereitung auf ein Vorstellungsgespräch ab. Schreiben Sie diese Tipps auf.**

Beispiel:
1. Wähle Kleidung, die zu dir und der Situation passt, und verkleide dich nicht!

3 **a) Verbinden Sie jeweils eine Frage mit einer dazu passenden „verborgenen" Frage.**

b) Wählen Sie drei Fragen aus und notieren Sie stichwortartig, was Sie in einem Vorstellungsgespräch antworten würden.

	Gestellte Frage an den/die Bewerber/-in
A	Warum sind Sie gut in …, haben jedoch eine Fünf in …?
B	Üben Sie Ihr Hobby in einem Verein aus?
C	Warum möchten Sie ausgerechnet bei uns arbeiten?
D	Welchen Grund nennen Sie, wenn Sie verschlafen haben und deshalb zu spät zur Arbeit kommen?
E	Was wissen Sie schon über diesen Beruf?

	Hinter der gestellten Frage „verborgene" Frage
1	Ist sie/er an unserer Firma interessiert? Oder sucht sie/er lediglich irgendeine Stelle?
2	Ist sie/er Teamarbeit gewöhnt?
3	Interessiert sie/er sich für diesen Beruf?
4	Ist sie/er offen und ehrlich? Übernimmt sie/er Verantwortung für ihr/sein Handeln?
5	Kann sie/er eigene Stärken und Schwächen bei sich akzeptieren, einschätzen und begründen?

4 a) **Formulieren Sie Fragen für ein mögliches Vorstellungsgespräch. Nutzen Sie die folgenden Stichworte.**

Probezeit? / Betriebsbesichtigung möglich? / Ausbildungsplan einsehbar? / Höhe der Ausbildungsvergütung? / Übernahme nach der Ausbildung? / ~~Anzahl der Auszubildenden?~~ / Berufsschulunterricht in Blockform?

Beispiel:
Wie viele Auszubildende sind bei Ihnen beschäftigt?

b) **Notieren Sie mögliche Antworten auf Ihre Fragen.**

/// Strategie ///

Sei bemüht, dich im Gespräch positiv „zu verkaufen“, indem du dich gut informiert und interessiert zeigst. Erfinde nichts und lüge nicht. Verhalte dich sachlich und höflich, jedoch auch kritisch und selbstbewusst. /

5 **Führen Sie anhand der vorbereiteten Fragen und Antworten (siehe Aufgaben 3 und 4) Vorstellungsgespräche im Rollenspiel vor. Verteilen Sie vorher die Rollen. Wählen Sie Beobachter, die den Spielern anschließend eine Rückmeldung geben.**

6 **Vervollständigen Sie die Sprechblasen und malen Sie Ihr Gesicht aus. Die Lösungen finden Sie jeweils spiegelverkehrt unter den Sprechblasen.**

A

Ich werde Stellenanzeigen sorgfältig ________________, damit ich eine genaue Vorstellung von den ________________________ des Berufes bekomme.

auswerten | Anforderungen

C

Meinen Lebenslauf werde ich in tabellarischer Form verfassen und auf __________________________ und richtige ____________________ bei den Zeitangaben achten. Niemals werde ich das ______________ Datum und meine ____________________ vergessen.

Lückenlosigkeit | Reihenfolge | aktuelle | Unterschrift

B

Bei meinen Bewerbungsanschreiben werde ich die Form __________________________ __________________ beachten.
Meine Berufswahl werde ich ______________________ und meine Eignung mit Erfahrungen und Fähigkeiten belegen.

geschäftlicher Schreiben | begründen

D

Zum Vorstellungsgespräch werde ich ________________ erscheinen. Ich werde mich gut ____________________. Durch eigene Fragen werde ich mein ___________________ an der Firma und am Beruf zeigen.

pünktlich | informieren | Interesse

Was ich kann und noch besser können möchte

1 **Machen Sie den folgenden Test.**

	Aussage	stimmt	stimmt nicht
1	Die Betreffzeile gibt in Kurzform wieder, worum es in dem Schreiben geht.		
2	Es sollte im Bewerbungsanschreiben deutlich werden, dass man zum Stellenangebot passende Kenntnisse und Fähigkeiten hat.		
3	Es ist nicht wichtig anzugeben, warum man sich auf eine bestimmte Stelle bewirbt. Jeder Arbeitgeber weiß, dass man nur irgendeine Arbeit sucht.		
4	Arbeitgeber wollen nicht wissen, wer warum bei ihnen arbeiten will.		
5	Das mit Datum versehene und unterschriebene Bewerbungsanschreiben kann man kopieren und immer wieder für Bewerbungen verwenden.		
6	Es gibt nur ein genormtes Muster für Lebensläufe.		
7	Es ist wichtig, dass ich im Lebenslauf Hobbys und Lieblingsfächer aufliste, die zu dem Beruf passen, für den ich mich bewerbe.		
8	Wenn ich sehr viele Hobbys im Lebenslauf nenne, zeige ich, dass ich flexibel bin und meine ganze Kraft in die Ausbildung stecken werde.		
9	Es darf nicht der Eindruck entstehen, dass meine Hobbys meine Ausbildung gefährden.		
10	Den Lebenslauf unterschreibt man immer mit dem Datum, das man auch auf dem Bewerbungsanschreiben eingetragen hat.		
11	Zur Vorbereitung eines Vorstellungsgesprächs muss man sich keine Antworten auf mögliche Fragen überlegen, man weiß ja nicht, was man gefragt wird.		

2 **Kontrollieren Sie mithilfe der Lösung auf Seite 137, was Sie in Aufgabe 1 angekreuzt haben.**

3 **Füllen Sie die folgenden Sprechblasen aus.**

Das kann ich gut:

____

____

____

Das möchte ich noch besser können:

____

____

____

Vorschläge für Projektarbeiten

- Sich im Internet über die formalen und inhaltlichen Besonderheiten einer Online-Bewerbung informieren und diese Informationen auf einem Infoplakat oder mit einem Präsentationsprogramm vorstellen
- An Infoständen möglichst viele Berufsbilder präsentieren
- Einen Wettbewerb veranstalten: Wer sammelt mit einer bestimmten Informationsquelle (Internet, Stellenanzeigen in Zeitungen, BIZ, Betriebe anrufen, …) im Umkreis von 30 Kilometern die meisten freien Ausbildungsstellen für drei unterschiedliche Berufe?

Was das Führen von Gesprächen mit mir zu tun hat

A **Lena:** Es gibt Länder, da ist es nicht üblich, dass man zuerst seinen Namen nennt, wenn man angerufen wird. Aber ich finde das sehr hilfreich. Man weiß gleich, ob man richtig verbunden ist.

B **Ivo:** Ich hab mal gelesen, dass man durch das Telefon hören kann, ob jemand lächelt am anderen Ende. Seltsam, aber es stimmt.

C **Lukas:** Freundlich und höflich sollte man bei allen Gesprächen sein. Das ist ganz schön anstrengend.

D **Robert:** Das Gesprächsklima ist viel angenehmer, wenn sich alle beherrschen und nicht nur rumbrüllen oder andere beleidigen.

E **Elena:** Aber manchmal ist auch jemand beleidigt und man weiß gar nicht, warum.

F **Ich:**

____

____

____

1 **a) Lesen Sie die Texte in den Sprechblasen.**
b) Markieren Sie die Stellen, an denen Sie etwas über das Führen von Gesprächen erfahren (siehe Beispiel in A).
c) Ergänzen Sie selbst einen Text in der leeren Sprechblase, der Ihre persönliche Erfahrung mit Gesprächen verdeutlicht.

2 **Tragen Sie vor, was Sie in Aufgabe 1b) markiert haben.**

3 **a) Wählen Sie eine Sprechblase aus, über die Sie reden wollen.**
b) Stellen Sie hierzu eine Frage, die Sie gerne beantwortet haben möchten, und beantworten Sie die Fragen anderer.

4 **a) Kreisen Sie drei Gesichtspunkte (hier spiegelverkehrt geschrieben) ein, die Ihrer Meinung nach am wichtigsten sind, wenn man Gespräche führt.**

freundlich ist | aufmerksam zuhört | höflich ist | sich in den anderen hineinversetzt | die Würde des anderen achtet | fair kritisiert | die Wünsche des anderen beachtet

b) Notieren Sie die Gesichtspunkte hier.

Wenn man Gespräche führt, ist es für mich am wichtigsten, dass man

____

____

Wie man höflich telefoniert

/// Sich in Adressaten hineinversetzen ///

Bevor du anrufst, versetze dich in die Situation der Person, die du anrufen möchtest: Als Angerufener willst du höflich behandelt (z. B. begrüßt, mit Namen angesprochen) werden und gleich wissen, warum du angerufen wirst. /

1 **Situation:**
Marius liest diese Anzeige und greift zum Handy.

Skateboard günstig abzugeben. Tel. 07 … 53

a) **Lesen Sie das Telefongespräch.**

(Marius ruft an.)
Christine: Christine Wegener.
Marius: Wie viel kostet das Skateboard?
Christine: Guten Tag. Warum fragen Sie? Wollen Sie es kaufen?
Marius: Nee, das weiß ich nicht, aber Sie haben doch eine Anzeige in der Zeitung.
Christine: Ja, aber das Skateboard ist schon verkauft.
Marius: Ach so *(schaltet das Handy aus).*

b) **Beschreiben Sie die Situation, die Marius bei der Gesprächspartnerin nicht bedacht hat.**

c) **Zählen Sie auf, welche Höflichkeitsformen Marius bei diesem Gespräch nicht beachtet hat.**

d) **Führen Sie das Telefongespräch mit verteilten Rollen höflich und korrekt.**

/// Sich vorbereiten ///

Bereite ein Telefongespräch vor, indem du dir aufschreibst, was du alles fragen oder wissen willst. Lege dir Schreibzeug bereit, um während des Gesprächs etwas notieren zu können. /

2 **Entwerfen Sie einen Stichwortzettel, bevor Sie sich auf die Anzeige bewerben. Orientieren Sie sich am Beispiel.**

Mitarbeiter/-in für einfache Büroarbeiten gesucht. Stundenweise Bezahlung. Tel. 021 … 59 …

Beispiel:

Kinderbetreuung für 1–2 Abende pro Woche gesucht. Tel. 057 … 45 …

Stichwortzettel
- *Wo?*
- *Wann? (Wochentag)*
- *Wie lange? (Uhrzeit)*
- *Alter der Kinder?*
- *Bezahlung?*
- *Werden Kosten für die Anfahrt übernommen?*
- *Vorstellungstermin?*

/// Freundlich sein ///

Wähle einen ruhigen Ort für das Gespräch und rede freundlich, sodass der Gesprächspartner dies „hört". /

3 **Arbeiten Sie paarweise, drehen Sie sich den Rücken zu, sodass Sie sich nicht sehen können. Führen Sie das Gespräch, das Sie in Aufgabe 2 vorbereitet haben.**

/// Eine Gesprächsnotiz schreiben ///

Damit du nichts vergisst, mache dir Notizen von dem Gespräch. / Im geschäftlichen Bereich solltest du die im Muster aufgeführten Angaben machen. /

4 a) **Arbeiten Sie in 4er-Gruppen. Lesen Sie sich paarweise das Gespräch vor, das jeweils andere Paar hört zu und macht sich währenddessen Notizen zum Gespräch.**

Simon: Simon Barth, guten Morgen.
Anke: Guten Morgen, Herr Barth. Hier spricht Anke Kofler. Könnte ich bitte Katharina sprechen? Ich rufe wegen der Nachhilfe an.
Simon: Guten Morgen, Anke. Meine Schwester ist gerade nicht da. Kann ich ihr was ausrichten?
Anke: Ja, das wäre nett. Ich habe schon gestern mit ihr telefoniert. Könnten Sie ihr bitte ausrichten, dass ich am Donnerstag doch Englisch nehmen kann. Ich wollte nämlich zuerst am Mittwoch zur Nachhilfe kommen. Das passte aber bei Katharina nicht.
Simon: Um welche Uhrzeit am Donnerstag?
Anke: Um 17:00 Uhr. Mathe kann ich allerdings nicht zur vereinbarten Zeit nehmen. Sagen Sie ihr, dass ich nur eine Stunde früher oder zwei Stunden später kommen könnte.
Simon: Wann sollte die Mathenachhilfe denn stattfinden?
Anke: Am Freitag um 15:30 Uhr.
Simon: Gut!
Anke: Ich sollte aber bis nächsten Mittwoch Bescheid wissen, ob es mit der Mathenachhilfe klappt. Allerdings bin ich heute Nachmittag und morgen nicht erreichbar.
Simon: O.K. Ich richte es meiner Schwester aus.
Anke: Vielen Dank. Auf Wiederhören.
Simon: Tschüss, Anke.

b) **Vergleichen Sie Ihre Notizen.**

c) **Lesen Sie nun das Gespräch noch einmal und fertigen Sie eine Notiz für Simons Schwester Katharina an. Sie können sich an diesem Gesprächsnotiz-Muster orientieren.**

Gesprächsnotiz

An ____________________ Datum ____________
Frau/Herr ____________________ Uhrzeit ____________
von der Firma ____________________ Telefon ____________

☐ hat angerufen ☐ erbittet Anruf ☐ wird wieder vorsprechen
☐ hat vorgesprochen ☐ wird wieder anrufen ☐ wünscht Verabredung

Notizen ____
____________________ Unterschrift ____________

Wie man partnerschaftlich kommuniziert

/// Sich partnerschaftlich und respektvoll äußern ///

Äußere dich so, dass der andere nicht erniedrigt wird. Schaffe eine Atmosphäre, in der man sich wohlfühlt, das heißt, dass du beispielsweise nicht brüllst oder drohst. /
Verhalte dich so, dass der andere – ob das ein Kollege oder Vorgesetzter ist – immer in seiner Würde geachtet wird. /

1 **Formulieren Sie die folgenden Sätze partnerschaftlich. Sie können zusätzliche Angaben erfinden.**

A Du Kleiner, komm mal her, aber beeil dich, du lahme Ente.

B Idiot, mach das Fenster zu.

C Ich kann auch anders mit dir umgehen. Frag mal den Murat.
Mein Werkzeug benutzt du nicht mehr. Verstanden? Du hast dein eigenes.

2 **Bilden Sie nach dem folgenden Muster Aufforderungssätze.**

	Ausdrücke	Anrede an eine Person	Anrede an mehrere Personen	Höfliche Bitte mit „würde" oder „könnte"
A	aufhören	*Hör auf!*	*Hört auf!*	*Würdest du bitte aufhören!*
B	weitermachen			
C	weggehen			
D	mithelfen			

3 a) **Markieren Sie die Stellen im Text, die von mangelndem Respekt zeugen.**

Michael: Schau mal, wie glatt ich das abgefeilt habe.
Patrick: Naja, ich hab schon bessere Werkstücke gesehen, selbst das von Nadine ist ja besser, obwohl die ein Mädchen ist.
Michael: Na, dann zeig mal deines *(streicht über Patricks Werkstück)*. Das ist ja megaschlecht. Und so die Klappe aufreißen.
Patrick: Ich habe auch erst vor einer halben Stunde angefangen und bin noch lange nicht fertig, du Schnarcher.

b) **Spielen Sie die Szene, indem Sie sich gegenseitig respektvoll verhalten. Erfinden Sie zusätzliche Angaben.**

4 a) **Entwerfen Sie eine Skizze (eventuell mit Sprechblasen), anhand der Sie erklären, wie Gregor sich respektvoll verhalten könnte.**

Situation:

Gregor ist unzufrieden mit seiner Note im Fach Nahrungszubereitung. Er hat das Gefühl, dass Mädchen unbegründet bessere Noten erhalten. Er läuft zum Lehrerpult, stützt sich mit beiden Handflächen darauf, holt tief Luft und fordert die Lehrerin auf, ihm genau zu begründen, warum er diese Note bekommen habe. Er nimmt ihr Notenbuch und hält es ihr vor das Gesicht: „Bitte zeigen Sie mir Ihre Notizen, ich möchte meine Noten sehen." Sie nimmt das Notenbuch und weicht einen Schritt zurück. Gregor stellt sich genau neben sie und streckt sein Gesicht zum Notenbuch hin. „Verhalten Sie sich anständig und kommen Sie in der Pause in mein Lehrerzimmer, dann können wir alles besprechen", sagt die Lehrerin.

b) Stellen Sie Ihre Skizze vor. Spielen Sie die Szene respektvoll.

5 Bilden Sie einen Haupt- und Nebensatz (siehe Beispiel A). Trennen Sie den Nebensatz durch Komma ab.

A aufpassen bitte / damit / alles verstehen

Pass bitte auf, damit du alles verstehst.

B vorsichtig sein bitte / damit / kein Glas zerbrechen

C sich beeilen bitte / wenn / die Arbeit fertig bekommen wollen

D darauf achten bitte / dass / rechtzeitig da sein

E bitte Bescheid geben / ob / mitmachen

/// Zuhören (aktiv) ///

Wenn ein anderer mit dir oder zu dir redet, dann drehe dich nicht weg und beschäftige dich nicht mit etwas anderem. Bringe deine Wertschätzung ihm gegenüber zum Ausdruck, indem du dich auf ihn konzentrierst und durch Gestik (z. B. Kopfnicken) oder Mimik (z. B. freundlichen Gesichtsausdruck) oder durch kleine Worte (z. B. „ja") und Nachfragen dein Interesse am Gesagten zeigst. /

6 a) Lesen Sie den Text und fügen Sie ein Markierungszeichen an den Stellen ein, an denen Lisa zeigen könnte, dass sie aktiv zuhört und Marek dies deutlich merkt.

Marek zu Lisa: Meine Güte, ich hab nun mal Bauchschmerzen. Ich bin ja die ganze Zeit zur Arbeit gegangen, nur eben die letzten beiden Tage nicht. Und morgen gehe ich auch nicht, selbst wenn es mir besser ginge. Schließlich will ich ganz sicher sein, dass ich gesund bin.

Ich habe die letzte Woche den ganzen Tag Regale eingeräumt, das Verfallsdatum kontrolliert, alte Ware ausgesondert, Preisschilder neu geschrieben. Und die Warenkartons sind schwer. Trag die mal vom Lager in den Verkaufsraum. Du weißt, wie lang das ist. Und eng ist es auch noch. Und dann kommen die Kunden und beschweren sich, dass sie mit dem Einkaufswagen nicht durchkommen, also hebst du jede Schachtel noch 5- bis 6-mal, bis sie leer ist. Das geht in die Knochen. Und der Ärger dabei. Das kann sich keiner vorstellen, der das nicht selbst mal gemacht hat.

Weißt du, am Computer sitzen ist viel einfacher. Und denken muss ich bei meiner Arbeit auch. Das ist nicht was für Blöde. Wie schnell kann es passieren, dass du beim Verfallsdatum mal eine Zahl falsch liest und die Waren dann wieder ins Regal zurückstellst. Da kommt dann der Kunde und beklagt sich wenn möglich noch beim Filialleiter. Da kannst du dann was vom Chef hören.

b) Spielen Sie die Szene als Rollenspiel. Lisa soll dabei möglichst deutlich ihr Interesse am Gesagten zum Ausdruck bringen. Die übrigen Mitglieder der Klasse geben eine Rückmeldung zur gespielten Szene.

Wie man Kommunikationsstörungen vermeidet

/// Was meint der andere? ///

Das, was ein anderer dir sagt, kannst du unterschiedlich deuten. Dadurch kann es zu Missverständnissen kommen. Du musst also versuchen zu verstehen, was der andere eigentlich sagen will.

1 **Notieren Sie vier Möglichkeiten, was der andere gemeint haben könnte (siehe Beispiel A).**

Aussage	Was meint der andere?	Kommentar
A „Hier ist es so laut."	1 *Es reden viele auf einmal, sodass ein gewisser Lärmpegel entsteht.*	Ich sage rein sachlich etwas aus.
	2 *Ich fühle mich gestört, ich kann so nicht arbeiten.*	Ich offenbare etwas von mir selbst.
	3 *Bitte sorge für Ruhe.*	Ich will eigentlich, dass der andere etwas unternimmt, sage es aber nicht direkt.
	4 *Ich bin in einer Position, in der ich dem anderen so etwas sagen kann.*	Ich drücke aus, in welcher Beziehung ich zum anderen stehe.
B „Um 9:30 Uhr ist Pause."		
C „Der Bus fährt pünktlich ab."		

/// Nachfragen ///

Wenn du nicht willst, dass du den anderen falsch verstehst, frag einfach nach, wie seine Aussage zu verstehen ist.

2 **Überlegen Sie, was gemeint sein könnte, und formulieren Sie mögliche Nachfragen. Setzen Sie die direkte Rede in Anführungszeichen.**

A Die Mutter sagt zu ihrer Tochter: „Ich habe immer gespart – mein ganzes Leben lang."

Die Tochter fragt nach: „Meinst du, dass du dir nie viel geleistet hast?"

B Der Vater sagt im Gespräch bei Tisch: „Früher ist man nicht so lange zur Schule gegangen."

C Marcon zu seiner Freundin Lea: „Ich komme mit meinem Taschengeld gut aus."

D Sabrina zu Murat: „In der Schule muss man sich einfach anstrengen."

/// Was versteht der andere? ///

Missverständnisse kommen auch dadurch zustande, dass der andere nicht das versteht, was du eigentlich sagen möchtest.
Du solltest also beobachten, wie der andere reagiert.

3 **Erklären Sie, was Miriam in den jeweiligen Fällen verstanden hat.**

Situation:
Enzo sagt zu Miriam: „Du hast das Gleiche an wie gestern."

Fall	Miriams Reaktion
1	Miriam zeigt, dass sie beleidigt ist.
2	Sie sagt: „Man muss ja nicht so eitel sein und jeden Tag was anderes anhaben."
3	Sie sagt: „Mein ehemaliger Freund hat nie bemerkt, was ich anhabe."
4	Sie sagt: „Ja, das stimmt. Ich hoffe, dich stört das nicht."

///Missverständnisse vermeiden///

Wenn du vermeiden willst, dass deine Aussage falsch verstanden wird, kannst du hinzufügen, wie sie verstanden werden soll. /

4 a) **Unterstreichen Sie die Aussage, die falsch verstanden werden könnte.**

b) **Trennen Sie die grammatisch vollständigen Sätze durch Komma ab, wo die Satzzeichen fehlen.**

A Du hast jetzt sehr lange geredet. Ich will das nicht kritisieren ich möchte damit nur aussagen dass es mir schwerfällt, auf alle Punkte einzugehen die du erwähnt hast.

B Wir haben schon mehrere Male versucht, dies zu ändern wir waren immer erfolglos. Das heißt nicht dass wir es nicht noch einmal versuchen sollten. Ich will damit nur sagen dass es nach wie vor schwer sein wird.

C Hier herrscht eine ganz schlechte Luft. Ich meine nicht dass ihr die Fenster öffnen solltet weil es hier unangenehm riecht. Ich meine dass die Art und Weise wie wir gerade miteinander umgehen nicht höflich ist.

5 **Vervollständigen Sie die Texte in den Sprechblasen und malen Sie Ihr Gesicht aus. Die gesuchten Begriffe ergeben sich durch Vertauschen der Silben unter der Sprechblase.**

A

Gespräche werde ich grundsätzlich ________________ und in einem ________________ Ton führen und mich ________________ ________________ äußern. Um Kommunikationsstörungen zu vermeiden, werde ich überlegen, was der andere ________________ haben könnte.

höffreundnerligechenlichschaftpartlichmeint

B

Bei der Vorbereitung auf Telefongespräche werde ich mich in den Gesprächspartner ________________, einen ________________ Ort wählen und ________________ vor und nach dem Gespräch machen.

neinhiverzenrugentizensetNohi

Was ich kann und noch besser können möchte

1 **Machen Sie den folgenden Test.**

	Aussage	stimmt	stimmt nicht
1	Bei jedem Telefonat, das nicht nur privat geführt wird, ist es nötig, sich die Situation und das Wissen des Angerufenen bewusst zu machen.		
2	Ein Telefonat muss nicht so höflich und freundlich geführt werden wie sonstige Gespräche.		
3	Eine Gesprächsnotiz enthält alle Daten und Informationen, die der Adressat für den Rückruf oder die Beantwortung benötigt.		
4	Partnerschaftlich Gespräche führen heißt, den Gesprächspartner nicht zu erniedrigen.		
5	Respektvoll sollte man sich nur gegenüber Vorgesetzten äußern und auch das nicht immer.		
6	Aktiv zuhören bedeutet, dass man dem Gesprächspartner Zeichen gibt, dass man ihm zuhört.		
7	Eine Aussage kann man nur missverstehen, wenn man nicht genau zuhört.		
8	Missverständnisse kann man vermeiden, indem man den Sprecher fragt, wie er eine Aussage gemeint hat.		
9	Jede Aussage enthält nicht nur sachliche Informationen.		

2 **Kontrollieren Sie mithilfe der Lösung auf Seite 137, was Sie in Aufgabe 1 angekreuzt haben.**

3 **Füllen Sie die folgenden Sprechblasen aus.**

✓ Das kann ich gut:

___

___

___

Das möchte ich noch besser können:

___

___

___

Vorschläge für Projektarbeiten

- Die beste Telefonistin/den besten Telefonisten in Rollenspielen finden. Thema: Einen Praktikumsplatz suchen
- Gesprächsverhalten während einer Unterrichtsstunde beobachten, notieren und eine Rückmeldung geben

12 Sich mit Literatur beschäftigen

Was Literatur mit mir zu tun hat

A **Julia:** Wenn ich eine Geschichte lese, dann fühle ich mit den Menschen darin mit.

B **Adriana:** Eine Zeit lang habe ich Kriminalromane richtig verschlungen. Aber jetzt kaufe ich lieber Science-Fiction-Romane als Hörbuch.

C **Eric:** Ich habe es noch nie geschafft, einen ganzen Roman durchzulesen, vorher habe ich mir immer den Film dazu angeschaut.

D **Serdar:** In meiner früheren Schule haben wir mal Theater gespielt. Das hat Spaß gemacht.

E **Pablo:** Ich habe schon einmal ein Gedicht geschrieben. Das war ein Elfchen. So heißt die Gedichtform, weil das Gedicht aus elf Wörtern besteht.

F **Ich:**

____

____

____

1 a) **Lesen Sie die Texte in den Sprechblasen.**
b) **Markieren Sie, was Sie über Literatur erfahren (siehe Beispiel in A).**
c) **Ergänzen Sie in Sprechblase F, welche Erfahrungen Sie mit Literatur gemacht haben.**

2 **Stellen Sie vor, was Sie in Aufgabe 1b) markiert haben.**

3 a) **Wählen Sie eine Sprechblase aus, über die Sie reden wollen.**
b) **Stellen Sie hierzu eine Frage, die Sie gerne beantwortet haben möchten, und beantworten Sie die Fragen anderer.**

4 a) **Kreisen Sie die Gesichtspunkte (spiegelverkehrt geschrieben) ein, die Ihrer Meinung nach gute Literatur ausmachen.**

spannend geschrieben ist | flüssig zu lesen ist | einfühlsam verfasst wurde | nachdenklich stimmt | mich thematisch anspricht | mir einen anderen Blick verschafft | meine Gedanken und Gefühle anspricht

b) **Ergänzen Sie den Satz mit den Gesichtspunkten.**

Zu guter Literatur gehört meiner Meinung nach, dass sie

____

____

Wie man sich über erzählende Texte informiert und diese interpretiert

/// Kurzgeschichte ///

Eine Kurzgeschichte ist – wie der Name sagt – kurz, es gibt nur wenige handelnde Personen und das Ende ist offen. Suche beim Lesen einer kurzen Geschichte immer nach diesen Merkmalen, damit du weißt, ob es sich um eine Kurzgeschichte handelt. /

1 **Lesen Sie den Text.**

Das Akkordeon

von Maximilian Nieleg

Der Alte war da, solange ich denken konnte. Egal, ob es Sommer oder Winter war. Er stand in der Fußgängerzone unserer kleinen Stadt und spielte auf seinem alten, verstimmten Akkordeon. Seine Lieder waren in einer fremden Sprache, die ich nicht verstand, aber sie waren immer sehr fröhlich, zumindest schien es mir so. Ich war 15, es war ein heißer Sommertag und der Alte stand wieder in der Fußgängerzone. Pia, Benni und ich waren in die Stadt gegangen, um uns in den Läden und Boutiquen etwas umzusehen. Geld hatten wir keines und das störte uns auch nicht besonders. Pia hatte ein neues Handy gesehen, das sie unbedingt haben wollte. Sie hatte natürlich auch schon ihre Mutter bearbeitet, aber sie hatte keine Chance, ihr Traumhandy zu bekommen. Benni stand auf Pia und wollte ihr gern ihren Wunsch erfüllen, aber das nötige Kleingeld hatte auch er nicht. Als wir am Akkordeonspieler vorbeikamen, musterte Benni ihn. Sonst hatte er nie einen einzigen Blick für den alten Mann, der sich nur noch sehr langsam bewegen konnte, übrig. Während der Heimfahrt mit dem Bus sprach Benni kaum mit uns und schaute nur nachdenklich aus dem Fenster.

Pia wohnte in unserer Straße. Als sie hinter der Haustür verschwunden war, stieß Benni mich mit seinem Ellbogen in die Seite und sagte: „Hey Marc, wie wär's, wenn wir dem Alten sein Akkordeon klauen und es dann zum Trödler in Meckenheim bringen? Der ist so langsam und hilflos, der macht bestimmt keine Probleme. Dann könnte ich Pia von dem Geld das Handy schenken." Mir war diese Idee etwas unangenehm, eigentlich war mir der Alte aber egal und wenn Benni Pia das Handy schenken will, dachte ich, dann muss er doch an Geld kommen. Außerdem konnte der Alte weder gut singen noch spielen und es würde sicherlich niemanden stören, wenn er die Leute nicht mehr mit seinem Gesang nerven würde. Ich hatte aber dann zu Hause doch ein ungutes Gefühl, wenn ich an die Sache dachte. Einen alten, wehrlosen Mann zu beklauen, fand ich nicht richtig. Überhaupt hatte ich in meinem Leben noch nie etwas gestohlen. Ich stellte mir vor, der Mann sei mein eigener Opa, dann würde ich es auch nicht tun.

Als ich am nächsten Tag Benni in der Schule sagte, dass ich es nicht für richtig hielt, das Akkordeon zu stehlen, und ihm von meinen Bedenken erzählte, sagte er nur: „Ich bin schließlich dein Freund und außerdem brauchst du ja nichts selbst zu tun." Benni hatte alles geplant. Wir gingen spätnachmittags in die Stadt und warteten, bis der Alte eine Pause machte. Es ging alles sehr schnell, ich stand Schmiere und Benni schnappte sich das Akkordeon und steckte es ganz cool in seine Reisetasche, die er mitgebracht hatte. Ich half Benni, die schwere Tasche im Keller seiner Eltern zu verstecken. Benni kümmerte sich um den Rest.

Nach 3 oder 4 Tagen sah ich Pia ganz stolz mit ihrem neuen Handy. Am Nachmittag hatten wir uns in der Stadt verabredet, Benni wollte später kommen. Als ich mit Pia am Platz, an dem der Alte immer stand, ankam, stand er da und sang – ohne Akkordeon. Er hatte ein Stück Karton neben sich stehen, auf dem stand: „Man hat mir mein Akkordeon gestohlen." Ich stand wie angewurzelt da.

Maximilian Gelin: Das Akkordeon. Stuttgart 2011.

2 **Situation:**
Sie möchten die Handlung der oben stehenden Kurzgeschichte einem Freund erzählen.

Schreiben Sie stichwortartig die Angaben auf, die nicht fehlen dürfen.

alter Akkordeonspieler, 3 Freunde, ______________________

/// Inhaltsangabe ///

Schreibe in einer Inhaltsangabe nicht spannend. Gib die wesentliche Handlung im Präsens (Gegenwart) wieder. Nenne zunächst die Textquelle: Name der Autorin/des Autors, Titel, Textsorte, Erscheinungsort und -jahr. /

3 **Führen Sie den Satz fort, indem Sie die fehlenden Informationen zu Autor, Titel, Textsorte, Erscheinungsort und -jahr ergänzen.**

Die Kurzgeschichte „Das Akkordeon" ______________________

4 **Fassen Sie in einem Satz zusammen, worum es in dieser Kurzgeschichte geht.**

5 **Geben Sie anhand Ihrer Stichworte aus Aufgabe 2 die wesentliche Handlung wieder, ohne den Originaltext wortwörtlich zu übernehmen.**

/// Personencharakterisierung ///

Versuche dir für die Interpretation einer Geschichte immer klarzumachen, wie die handelnden Personen sind. Sie werden durch äußere Eigenschaften (Alter, Geschlecht, Aussehen), aber auch durch ihre Handlungen charakterisiert. Achte dabei vor allem auf Adjektive (Eigenschaftswörter). /

6 a) **Erstellen Sie eine Tabelle nach diesem Muster.**

b) **Unterstreichen Sie in der Kurzgeschichte mit unterschiedlichen Farben die Textstellen, an denen der Leser etwas über die Eigenschaften der Personen erfährt, und tragen Sie diese in die Tabelle ein.**

Marc	Pia	Benni	der Alte
– *15 Jahre alt* – *Freund von Pia und Benni* – …			

7 **Ergänzen Sie die Sätze mit den folgenden Adjektiven.**

Adjektive: ~~ängstlich~~ | wehrlos | nur am Handy interessiert | stolz | verliebt | entschlossen | zögernd

A Marc ist *ängstlich* und ____________, aber der Alte ist ihm egal.

B Pia wirkt auf den Leser ____________________________, denn sie ist ganz ____________, als sie es endlich hat.

C Benni ist ______________, weil er Pia beeindrucken möchte und in sie ____________ ist.

D Der Alte ist ____________, denn er kann sich nur langsam bewegen.

/// Analyse der Handlung ///

Stelle Fragen an den Text, z. B. warum die Personen so handeln, wie sie es tun. Versuche auch, dich in sie hineinzuversetzen. Das kann dir beim Verstehen des Textes helfen. /

8 **Setzen Sie die Sätze fort, indem Sie Vermutungen anstellen, weshalb die Personen entsprechend handeln.**

A Marc hilft Benni beim Diebstahl, weil …

B Benni stiehlt das Akkordeon, weil …

C Der Akkordeonspieler schreibt den Satz „Man hat mir mein Akkordeon gestohlen" auf den Karton, weil …

9 **Stellen Sie sich vor, Pia erfährt von dem Diebstahl. Wie könnte sie reagieren? Begründen Sie Ihre Meinung und sprechen Sie mit den anderen darüber.**

10 a) **Überlegen Sie zwei Möglichkeiten, wie die Geschichte weitergehen könnte: eine mit, eine ohne Happy End.**

b) **Schreiben Sie eine Fortsetzung der Geschichte.**

/// Worum es in Jugendbüchern geht ///

Informiere dich zunächst am besten mithilfe einer Kurzbeschreibung über den Inhalt des Buches. Diese Kurzbeschreibungen findest du als Klappentext im Buch (auf dem eingeklappten Buchumschlag) oder im Internet beim Verlag oder bei Online-Buchhandlungen. /

11 **Lesen Sie die Kurzbeschreibungen der drei Jugendbücher durch und überlegen Sie, ob Sie Ähnliches bereits aus anderen Büchern, Hörspielen oder Filmen kennen.**

In einer Londoner Schule wird ein Computerspiel herumgereicht – Erebos. Als Raubkopie geht es von Hand zu Hand und wer es spielt, kommt nicht mehr davon los. Dabei sind die Spielregeln äußerst streng: Jeder hat nur eine Chance, Erebos zu spielen. Er darf mit niemandem darüber reden und muss immer allein spielen. Und – wer gegen die Spielregeln verstößt oder seine Aufgaben nicht erfüllt, fliegt raus und kann das Spiel auch nicht mehr starten. Merkwürdig ist aber, dass die Aufgaben, die Erebos stellt, nicht in der Welt von Erebos, sondern in der Wirklichkeit ausgeführt werden müssen. Die Fiktion des Spiels und die Realität verschwimmen auf irritierende Weise.
Auch Nick ist süchtig nach Erebos, bis das Spiel ihm befiehlt, einen Menschen umzubringen. Natürlich führt er diesen Auftrag nicht aus und wird prompt vom Spiel ausgeschlossen. Als auch noch sein bester Freund Jamie schwer verunglückt, begreift Nick: Erebos ist weitaus mehr als nur ein harmloses Computerspiel!

Was, wenn die Welt über Nacht nicht mehr so ist, wie wir sie kannten?
Gespannt verfolgt Miranda zusammen mit ihrer Familie und der ganzen Straße, wie ein Asteroid auf dem Mond einschlägt. Doch dann verläuft der Abend ganz anders als erwartet: Der Mond wird aus seiner Umlaufbahn geworfen und nichts ist mehr, wie es war. Über Nacht gerät die Welt aus den Fugen; Flutkatastrophen, Erdbeben und extreme Wetterumschwünge bedrohen die gesamte Zivilisation. Und Miranda und ihre Familie müssen lernen, dass bei großen Katastrophen gerade die kleinen Dinge zählen: Feuerholz, Klopapier, eine Dose Bohnen, Aspirin. Und dass sie alle zusammen sind.

Augen, so heißt es, sind das Fenster zur Seele. Doch wenn Jem in fremde Augen blickt, sieht sie eine Zahl. Und die ist unauslöschlich. Denn die Zahl ist ein Datum. Der Tag, an dem ihr Gegenüber sterben wird. Diese Gewissheit hat Jem seit dem Tod ihrer Mutter. Deshalb meidet sie Menschen. Ist am liebsten allein. Bis sie Spinne kennenlernt – und mit ihm das Leben. Jem ist glücklich, zum ersten Mal. Doch als die beiden zum Riesenrad, dem London Eye fahren, passiert es – um sie herum haben alle dieselbe Zahl. Jem weiß: Etwas Furchtbares wird passieren. Heute. Hier. Fluchtartig verlassen Spinne und sie das Gelände. Und lösen damit eine Kettenreaktion aus. Spinne und Jem werden zu Gejagten. Von der Polizei, den Medien, den Menschen. Und Spinnes Todestag rückt näher und näher …

12 **Kreuzen Sie an, wie Sie das jeweilige Thema und die Beschreibung beurteilen.**

	„Erebos“	„Die Welt, wie wir sie kannten“	„Numbers“
Ich finde das Thema interessant und würde gerne wissen, wie sich die Geschichte entwickelt.			
Das Thema klingt interessant. Das könnte mich schon interessieren.			
Das Thema schreckt mich eher ab. Ich würde andere Themen bevorzugen.			
Ich finde das Thema und die Beschreibung langweilig. Das interessiert mich überhaupt nicht.			

13 **Stellen Sie**
a) **Ihre Entscheidungen und**
b) **Ihre Erfahrungen mit ähnlichen Themen vor.**

14 **Diskutieren Sie, was sich bei der Verfilmung eines Romans gegenüber dem Roman selbst ändern kann. Gehen Sie dabei auf Vollständigkeit, Länge, Spannung, Gedanken, Aktionen, Personen und Handlungsorte ein.**

/// Weitere Informationen zum Buch ///

Wenn du dich für ein Buch interessierst, dann kann es sinnvoll sein, dass du dir weitere Informationen beschaffst. Du kannst Buchbesprechungen im Internet lesen, dich über den Autor informieren oder das Buch einmal anlesen, ob dir der Stil gefällt. /

★★★☆☆ **Numbers**, 22. Dezember 2010

Von **Lilibi** - Alle meine Rezensionen ansehen

Rezension bezieht sich auf: Numbers - Den Tod im Blick (Taschenbuch)

Ich habe viele Bücher gelesen und meiner Meinung nach ist dieses Buch so mittel. Das Buch schien spannender, als es war, dennoch war etwas Spannung dabei. Der Hauptfigur Jem ist alles egal (könnte man so sagen) und das mag ich nicht. Ich mag eher Personen, die interessante Gedanken haben. Das Ende ist nicht sehr schön, also für niemanden, der Happy Ends liebt.
Aber ich sage nicht, dass das Buch schlecht ist, sondern dass es bessere Bücher gibt.

15 **Markieren Sie in der obigen Buchbesprechung die persönlichen Einschätzungen des Lesers und die sachlichen Informationen jeweils andersfarbig.**

16 **Berichten Sie, ob die Buchbesprechung Ihre Einstellung zu dem Buch verändert hat.**

17 a) **Lesen Sie den folgenden Textauszug aus dem Roman „Erebos".**

Schon zehn Minuten nach drei und noch keine Spur von Colin. Nick ließ den Basketball auf dem Asphalt aufschlagen, fing ihn einmal mit der rechten, dann mit der linken, dann wieder mit der rechten Hand auf. Ein kurzes, singendes Dröhnen bei jeder Bodenberührung. Er bemühte sich, den Rhythmus zu halten. Noch zwanzig Mal – wenn Colin dann nicht hier war, würde Nick allein zum Training gehen. Fünf, sechs. Es sah Colin nicht ähnlich, ohne Erklärung wegzubleiben. Er wusste genau, wie schnell man aus Trainer Betthanys Team flog. Colins Handy war auch nicht an, er hatte garantiert wieder vergessen, den Akku zu laden. Zehn, elf. Aber dass er auch Basketball vergaß, seine Kumpels, sein Team? Achtzehn. Neunzehn. Zwanzig. Kein Colin. Nick seufzte und klemmte sich den Ball unter den Arm. Auch gut, dann würden die meisten Körbe heute endlich mal auf sein eigenes Konto gehen.

b) **Benoten Sie (in Form einer Schulnote), wie die Sprache der Autorin auf Sie persönlich wirkt, und begründen Sie Ihre Benotung.**

18 **Bewerten Sie die Aussagen A–E auf der Grundlage des Textauszugs in Aufgabe 17 und der Kurzbeschreibung auf Seite 115.**

	Aussage	stimmt	stimmt nicht
A	Nick ist der Ich-Erzähler in der Geschichte.		
B	Die Geschichte scheint die Gedanken und Gefühle von Nick zu beschreiben.		
C	Der Erzähler tut so, als ob er schon alles weiß.		
D	Man weiß, dass Nick nichts passieren wird, da es immer um ihn geht.		
E	Es sieht so aus, als ob die Geschichte aus der Perspektive von Nick erzählt wird.		

/// Bücher in Genres einordnen ///

Wenn du anderen Bücher vorstellst, dann ist es hilfreich, zuerst das Buch in ein bestimmtes Genre (z. B. Krimi) einzuordnen, damit der Zuhörer grob weiß, was ihn bei der Geschichte erwartet. /

19 **Ordnen Sie die folgenden Definitionen (1–9) dem jeweiligen Genre (A–I) zu.**

A	Krimi	1	Im Mittelpunkt steht die Wahrnehmung und die Psyche der Hauptperson.
B	Fantasy	2	Verbrechen, deren Verfolgung und Aufklärung
C	Abenteuer	3	Risikoreiche Erlebnisse in fremden Ländern
D	Science-Fiction	4	Angsteinflößende und übernatürliche Phänomene stehen im Mittelpunkt.
E	Liebesroman	5	Märchenhafte und magische Elemente bestimmen die Handlung.
F	Psycho-Thriller	6	Handlungen in einer möglichen Zukunft
G	Horror	7	Tatsächliche oder erfundene Handlungen in einer geschichtlichen Epoche
H	Historischer Roman	8	Die Liebe ist das zentrale Thema.

20 **Ordnen Sie die auf Seite 115 vorgestellten Bücher einem oder mehreren der oben vorgestellten Genres zu und begründen Sie Ihre Einordnungen.**

/// Buchvorstellungen ///

Bei Buchvorstellungen solltest du deine Zuhörer nach einem sinnvollen Konzept informieren. Beachte dabei, dass du manche Informationen zurückhalten musst, um zum Lesen anzuregen. /

21 **Unterstreichen Sie diejenigen Punkte, die Sie bei einer Buchvorstellung in der Klasse behandeln würden, und bringen Sie diese in eine sinnvolle Reihenfolge.**

Angaben zum Buch (Titel, Autor, Erscheinungsjahr) / Genre / Autor / Hauptpersonen / Was andere Leute über das Buch gesagt haben / Handlungsort / Zeit der Handlung / Aus welcher Perspektive wird erzählt? / Für wen ist das Buch geschrieben? / Wie ist das Buch geschrieben? / Gibt es ähnliche Bücher oder Filme? / Welchen Konflikt gibt es? / Ist das Buch durchgehend spannend? / Wie beginnt das Buch? / Teile der Handlung / Wie geht das Buch aus? / Wie viele Seiten hat das Buch? / Wie sieht die Umschlagseite aus? / Warum hat mir das Buch gefallen? / Warum sollte man das Buch lesen? / Welche Stelle fand ich besonders gut?

Wie man dramatische Texte interpretiert

/// Schauspiel ///

Spielen auf der Bühne, Spannung und Konflikt, Dialog (Gespräch zwischen zwei oder mehreren Personen) gehören zum Drama (manchmal auch Theaterstück genannt). Das Drama ist also auf Vortrag und Vorspielen („Schau") ausgerichtet. /
Trage deshalb dramatische Texte entsprechend vor. /

1 **Lesen Sie diesen Dialog.**

Lisa: Der Wasserhahn tropft und tropft und tropft.
Kai: Ja, Lisa, ja.
Lisa: Ja! Er tropft, er tropft, er tropft! Ich habe dir das schon vor zwei Tagen gesagt!
Kai: Er tropft. – Ich werde mich schon darum kümmern.
Lisa: Darum kümmern! Nichts tust du! Du wirst doch noch eine neue Dichtung einbauen können?! Oder meinst du, wir könnten unser Geld den Abfluss hinunterspülen? Das kostet doch alles Geld. Und eine Sünde gegen die Umwelt ist es auch.
Kai: Ja, ich reparier ihn ja.
Lisa: Ja, aber wann? Sollen wir hier in Gummistiefeln durch die Wohnung laufen, weil das Wasser überall herumsteht, dann die Treppe hinunter in den Keller läuft, dann die ganzen Wände schimmelig werden, wir schließlich ausziehen und uns neue Möbel anschaffen müssen, weil die alten vom Wasser zerfressen sind …?
Kai: *(unterbricht sie)* Aber Lisa, jetzt mach mal kein Drama, ich hol jetzt eine Dichtung im Keller. Er ist ja noch trocken.

2 **Beschreiben Sie, worin der Konflikt zwischen den beiden Personen besteht.**

3 a) **Markieren Sie Textstellen, an denen das Theatralische (übertrieben Schauspielerische) zum Ausdruck kommt.**

b) **Tragen Sie den Text „theatralisch" (mit Mimik, Gestik, ausdrucksstark in der Sprechweise) vor.**

4 **Lesen Sie den folgenden Textauszug aus einem Theaterstück zum Thema „Alkoholmissbrauch" und die Informationen zum Stück.**

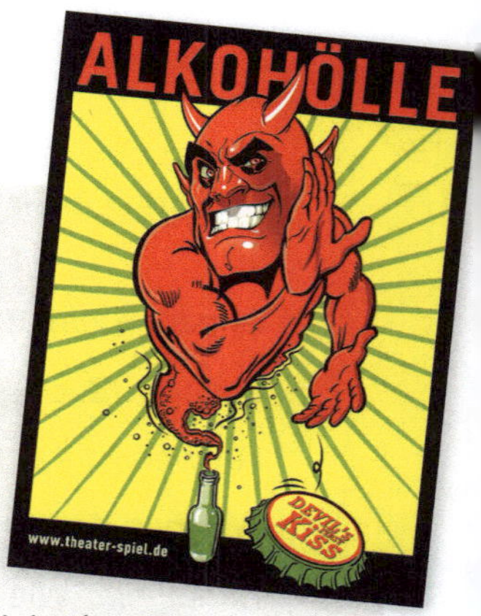

Alkohölle
von Beate Albrecht

Informationen zum Theaterstück:
Lena, 19, macht ein Praktikum in der Werbeagentur ihrer Tante Maxi. Sie ist allein im Büro, als der Auftrag einer Spirituosen-Firma hereinkommt. Sie nimmt ihn an. Ein neuer Alkopop soll beworben werden. Lena kennt sich aus – sie und ihre Clique trinken viel. Als Maxi jedoch von diesem Auftrag erfährt, lehnt sie ihn kategorisch ab: Alkohol wird von ihrer Agentur nicht beworben. Lena versteht nicht warum. Ein Streit entsteht und Lena erfährt eine weitere Geschichte. Diese ist jedoch alles andere als lustig, berührt sie zutiefst und bringt sie zum Nachdenken …

1. Wiedersehen (Textauszug)

Die Szenen zwischen Ally und Ernst spielen sich vor der Bühne oder in dem vorderen Bereich der Bühne ab.

Ernst (Lenas Vater) und Ally tauchen auf, richten rechts und links ihren Ort ein.

Ernst: Hallo.

Ally: *erschrocken* Hi, Ernst Heidenreich.

Ernst: Hallo, Ally Alkohol.

Ally: Welche Überraschung. Lange nicht gesehen.

Ernst: Ja.

Ally: Was machst du hier?

Ernst: *überlegt kurz* 12. Mai, Todestag.

Ally: Hä?

Ernst: Mich in Erinnerung bringen.

Ally: Mir ein wenig ins Geschäft pfuschen, ich kenn euch doch.

Ernst: Vielleicht. Und du, was machst du, gerade hier?

Ally: *hebt Lenas leere Flasche hoch* Ich bin hier, weil ich mit jemandem Brüderschaft trinken will. Das kennst du doch, alter Kumpel.

Ernst: *weicht zurück* Ja, das kenne ich.

Ally: Kannst du dich noch erinnern? Wie lange bist du nun schon tot?

Ernst: 15 Jahre! *Holt ein paar seiner Fotos raus*

Ally: 15 Jahre. Mein Gott, wie die Zeit vergeht. Wir beide, du und ich, wir waren damals unzertrennlich. Wir haben keine Feier ausgelassen … und dann war plötzlich Schluss.

Ernst: Aus.

Ally: Das war gar nicht nett von dir, peng, aus, vorbei!!!! Von einer Sekunde auf die andere.

Ernst: Vorbei.

Ally: Komm, ich hab ein kleines Trösterchen für uns!

Ernst: Lass mich.

Ally: *provozierend* Du hast doch sonst nie was verdunsten lassen.

Ernst: Hör auf.

Ally: Dann lieber den, den mochtest du doch immer so gerne? *Zeigt ihm eine Whiskeyflasche*

Ernst: *bedrohlich* Hau endlich ab.

Ally: *ernst und bedrohlich* Na, dann halt nicht. Wenn du keinen Spaß verstehst, dann zieh Leine, ich hab noch zu tun. *Ernst bleibt stehen, Ally wird aggressiv* Im Gegensatz zu dir lassen die Jungen heute nichts verdunsten.

Ernst: Lena.

Ally: Lena Heidenreich, zum Beispiel, ja. *Realisiert plötzlich den Zusammenhang* Genau – da hätte ich doch gleich drauf kommen können, dass die was mit dir zu tun hat! Sie und ich, wir kennen uns nun schon eine Weile und wollen uns jetzt noch näherkommen. *Zeigt auf die Flaschen* Gutes Zeug, weißt du doch.

Ernst: Lass Lena aus dem Spiel.

Ally: Spiel! Spiel ist gut, da warst du immer dabei. Mit 1,5 Promille und 150 auf der Autobahn – Mann, Mann, Mann.

Ernst: Ein Scheißspiel.

Ally: Komm, lass uns zocken, wie früher!

Ernst: Nein. […]

/// Analyse der Handlung und Personencharakterisierung ///

Die Handlung wird durch die Dialoge der Personen und die Regieanweisungen (kursiv geschrieben) deutlich. Gib die Handlung wieder, bevor du die Personen und ihre Beziehungen zueinander charakterisierst und die Beweggründe für ihr Handeln aufzeigst. /

5 Geben Sie die Handlung wieder, ohne den Text wortwörtlich zu übernehmen.

6 Charakterisieren Sie Ally und Ernst, indem Sie die Beziehung zwischen den beiden aufzeigen und die möglichen Beweggründe für ihr Handeln nennen.

7 Spielen Sie den Text mit verteilten Rollen ausdrucksstark vor.

Wie man Gedichte und Songs interpretiert

/// Erschließungsfragen ///

Stelle Fragen an das Gedicht/den Song:
- Worum geht es (Situation, Ereignisse, Beteiligte)?
- Welche Gefühle des lyrischen Ichs (Ich im Gedicht) werden genannt?
- Gibt es Rätselhaftes?
- Sind beim Lesen oder Vortragen Reime oder ein Rhythmus erkennbar, die ansprechend wirken?
- Wie ist die Stimmung im Gedicht/Song?
- Welche Gedanken und Gefühle werden bei mir ausgelöst? /

1 a) **Lesen Sie den noch unfertigen Entwurf für einen Songtext, in dem auch geplante Reime markiert sind, die für solche Songs typisch sind.**

b) **Ergänzen Sie die fehlenden Reime in den Versen (Zeilen) 16 und 18 mit eigenen Vorschlägen.**

c) **Tragen Sie mindestens zwei Strophen (Abschnitte) laut vor und lassen Sie die Wirkung Ihres Vortrags beschreiben. Sie können auch rappen oder einen Rap improvisieren.**

Liebeskummer
von Mazlum Ürper

Als ich dieses Mädchen sah, fühlte ich mich wie im Himmel.
Diese Ausstrahlung, ihre Art, man ich dankte Gott,
dass er mir so einen Engel geschickt hat,
und ich dachte mir, vielleicht ist sie mein Schicksal.

Und ich ging auf sie zu, sprach sie an,
hoffte, dass aus uns beiden noch was werden kann.
Doch dann kam so ein Typ aus der Ecke gesprungen
und fragte: „Hey, hey! Was soll das hier werden, LAN[1]?!"

Es war ihr Freund, man was für ein Pech-Tag.
Und ich konnte mir nicht vorstellen, dass das alles hier echt war.
Es brach mir das Herz, unerträglicher Schmerz,
Mein Kopf war voller Fragen, doch mein Inneres leer.

Seitdem sah ich sie jeden Tag, überall Hand in Hand.
Es ging mir nicht mehr aus dem Kopf, als wäre es mir eingebrannt.
Mir kamen die Tränen, ich musste mich zusammenreißen.
All meine Gefühle für sie konnte ich in den ______________________________

So leer von Liebe und gefüllt mit Hass
fragte ich mich: „Was hat der Typ, was ich ______________________________?"

1 LAN: Jugendsprache für „Ey Mann" oder „Alter"

2 a) **Geben Sie mündlich wieder, worum es geht.**

b) **Unterstreichen Sie Wörter, die etwas über die Gefühle des Ichs im Gedicht aussagen.**

3 a) **Beschreiben Sie die Wirkung der Verse 1, 2 und 7, die nicht gereimt sind.**

b) **Begründen Sie, ob der Songschreiber dort nachbessern sollte.**

4 **Notieren Sie Adjektive (Eigenschaftswörter), mit denen Sie die Stimmung beschreiben, die im Gedicht herrscht.**

5 a) **Wählen Sie ein Wort aus dem Songtext, durch das Sie sich besonders angesprochen fühlen.**

b) **Schreiben Sie dieses Wort in die Mitte eines großen Blattes (siehe Beispiel).**

c) **Ergänzen Sie diese Übersicht dann mit allem, was Ihnen spontan dazu einfällt. Denken Sie nicht nach, sondern lassen Sie sich einfach treiben. Beenden Sie das „Spiel", wenn Ihnen nichts mehr einfällt.**

Beispiel:

Frieden | Engel | Ewigkeit | Petrus | Blitze | Sonne | **Himmel** | Paradies | Flugzeuge | keine Schule | Götterspeise

/// Eigene Gedanken und Gefühle ///

Bringe dich ein in die Interpretation von Gedichten oder Songs. Halte also nach Gedanken und Gefühlen Ausschau, die bei dir ausgelöst werden. /

Du kannst sie zusätzlich zum Anlass nehmen, eigene Texte zu schreiben oder Bilder zu malen. Dabei können dich Methoden zum Sammeln und Ordnen von Ideen (z. B. Mindmaps) unterstützen. /

6 a) **Lesen Sie das Gedicht (den Songtext).**

Das Ende vom Kreis
von Silbermond

Gib nicht auf
Du bist gleich da
Und dann vergisst du das, was vorher war
Du bist gleich da
Du bist gleich da
Am Ort, wo vor dir keiner war

Halte durch
Du bist ganz nah
Und dann vergisst du das, was vorher war

Und nichts hält dich auf
Nichts bringt dich zum Steh'n
Denn du bist hier, um bis ans Ende zu geh'n
Kein Weg ist zu lang
Kein Weg ist zu weit
Denn du glaubst an jeden Schritt
Weil du weißt
Irgendwann schließt sich der Kreis
Irgendwann schließt sich der Kreis

Halte durch
Bleib jetzt nicht steh'n
Das Ziel ist dort im Nebel schon zu seh'n
Kannst du es seh'n?
Kannst du es seh'n?
Das Ende ist kaum noch zu verfehl'n

Denn nichts hält uns auf
Nichts bringt uns zum Steh'n
Denn wir sind hier, um bis ans Ende zu geh'n
Kein Weg ist zu lang
Kein Weg ist zu weit
Denn ich glaub an jeden Schritt
Weil ich weiß
Irgendwann schließt sich der Kreis
Irgendwann schließt sich der Kreis

Gib nicht auf
Du bist gleich da
Am Ort, wo vor dir keiner war

Text: Stefanie Kloss/Andreas Jan Nowak/Johannes und Thomas Stolle

b) **Schreiben Sie auf, welche Botschaft der Song Ihrer Meinung nach enthält. Berücksichtigen Sie auch die Überschrift und nennen Sie passende Stellen im Gedicht mit Versangaben.**

c) **Reden Sie über Ihre Ergebnisse.**

7 **Malen Sie ein Bild oder beschreiben Sie in einem Gedicht oder Songtext, wie Sie sich den „Ort" vorstellen, von dem im Song „Das Ende vom Kreis" in der ersten und letzten Strophe die Rede ist. Gehen Sie so vor:**

a) **Schreiben Sie das Wort „Ort" in die Mitte eines Blattes und notieren Sie spontan Ihre Gedanken und Gefühle dazu.**

b) **Verbinden Sie die Stichworte, die Ihrer Meinung nach zusammengehören, mit verschiedenen Farben und Linien. Sie können auch eine Reihenfolge der Begriffe festlegen, die vielleicht zu Ihrem geplanten Bild oder Gedicht passen könnte.**

c) **Verwenden Sie Ihre geordneten Stichworte als Plan beim Erstellen Ihres Bildes oder Textes. Präsentieren Sie Ihr Produkt, wenn Sie wollen.**

8 **Bringen Sie die folgenden Begründungen in eine Reihenfolge. Schreiben Sie die Eins hinter die Aussage, die am ehesten zu Ihnen passen könnte. Sie können eigene Aussagen ergänzend aufnehmen und nummerieren.**

	Warum schreiben Sie Gedichte oder Songs?	
A	Das macht mir Spaß.	
B	Das gibt mir Freiheit.	
C	Das ist etwas, was ich richtig gut kann.	
D	Dabei kann ich meine eigenen Gefühle (z. B. auch Aggressionen) ausdrücken.	
E	Für mich ist das ein befreiendes Gefühl.	
F	Es macht mich ungeheuer stolz, wenn ich Applaus bekomme.	
G	Meine Freundin freut sich immer so, wenn sie zum Geburtstag ein Gedicht von mir bekommt.	

9 **Vervollständigen Sie die Texte in den Sprechblasen und malen Sie Ihr Gesicht aus. Die Lösungen finden Sie jeweils spiegelverkehrt unter den Texten.**

A

Bei der Inhaltsangabe einer Kurzgeschichte nenne ich zuerst die ________________ und gebe dann die ________________ ________________ im Präsens wieder.

Textquelle wesentliche Handlung

C

Bei Buchvorstellungen werde ich zuerst über das ________ informieren und dann nach einem sinnvollen ________________ weitere Informationen bieten.

Genre Konzept

B

Bei der Interpretation einer Kurzgeschichte ________________ ich die Personen und analysiere die ________________.

charakterisiere Handlung

D

Bei der Interpretation dramatischer Texte werde ich die Figuren charakterisieren, ihre ________________ zueinander darstellen und die ________________ für ihr Handeln aufzeigen.

Beziehungen Beweggründe

E

Wenn ich Gedichte oder Songs interpretiere, werde ich viele ________________ an den Text stellen und beantworten. Neben Fragen nach dem ________________ und der Form (z. B. Reime) werde ich auch die ________________ des Gedichts untersuchen.

Fragen Inhalt Wirkung

Was ich kann und noch besser können möchte

1 **Machen Sie den folgenden Test.**

	Aussage	stimmt	stimmt nicht
1	In einer Inhaltsangabe einer Kurzgeschichte erzähle ich alles so spannend wie möglich nach.		
2	In einer Inhaltsangabe gebe ich immer den Autor/die Autorin, den Titel, die Textsorte, den Erscheinungsort und das Erscheinungsjahr an.		
3	Für die Interpretation einer Kurzgeschichte versuche ich immer, mich in die handelnden Personen hineinzuversetzen.		
4	Im Klappentext wird verraten, wie die Geschichte endet.		
5	Alle Romane sind aus der Ich-Perspektive geschrieben.		
6	In einem Psycho-Thriller geht es in erster Linie darum, dass Verbrechen aufgedeckt werden.		
7	Ein Drama ist ein Theaterstück, das sich zur Aufführung oder zum wirkungsvollen Vortrag eignet.		
8	Die Dialoge der Personen nennt man Regieanweisung.		
9	Die Zeilen einer Gedichtstrophe nennt man Verse.		
10	Reim und Rhythmus können dazu beitragen, dass ein Gedicht ansprechend wirkt.		
11	Gedanken und Gefühle, die ein Gedicht auslöst, dürfen nicht in die Interpretation einfließen.		

2 **Vergleichen Sie Ihre Ergebnisse mit der Lösung auf Seite 137.**

3 **Füllen Sie die folgenden Sprechblasen aus.**

✓ Das kann ich gut:

____

____

____

Das möchte ich noch besser können:

____

____

____

Vorschläge für Projektarbeiten

- Kurzgeschichten aus unterschiedlichen Ländern sammeln und vorstellen
- Eine Romanhandlung in einen Fotoroman umsetzen
- Ein Theaterstück lesen, das im Theater gespielt wird, sich eine Aufführungsmöglichkeit überlegen, die Aufführung besuchen und diese mit den Vorüberlegungen vergleichen
- Ein Gegengedicht zu „Liebeskummer" aus der Sicht des anderen Beteiligten schreiben und vortragen
- Selbst erstellte Raps auf einen frei verfügbaren Beat (z. B. bei www.musicisthelanguage.com) sprechen und vorführen

13 Mit Medien umgehen

Was Medien mit mir zu tun haben

A **Leon:** Ohne meinen MP3-Player gehe ich nicht aus dem Haus. Im Gegensatz zum Radio kann ich mir hier Musik ganz nach meinem Geschmack zusammenstellen.

B **Tom:** Meine Freunde habe ich bei facebook. Da muss ich immer online sein, damit ich nicht verpasse, was so los ist.

C **Viktor:** Ich war im Sommer bei meinen Großeltern im Urlaub, da gab es keinen Internetzugang. Ich wusste gar nicht, was ich mit meiner Zeit anfangen sollte.

D **Leni:** Mein Handy habe ich immer dabei. Man weiß ja nie, was passiert.

E **Danny:** Ich schreibe jeden Tag zwischen 50 und 100 SMS. Ein Drittel davon sind reine Informationen.

F **Sercan:** Gestern war ich mit meinen Kumpels beim Heimspiel des VfB XY. Mal sehen, wie der Spielbericht am Mittwoch in der „Sportbild" lautet.

G **Ich:**

____

____

____

1 a) Lesen Sie die Texte in den Sprechblasen.
b) Markieren Sie, welche Funktionen der verschiedenen Medien angesprochen werden (siehe Beispiel in A).
c) Notieren Sie Ihre eigenen Erfahrungen im Umgang mit Medien in Sprechblase G.

2 Tragen Sie vor, was Sie in Aufgabe 1b) markiert haben.

3 a) Wählen Sie eine Sprechblase aus, über die Sie reden wollen.
b) Stellen Sie hierzu eine Frage, die Sie gerne beantwortet haben möchten, und beantworten Sie die Fragen anderer.

4 a) Kreisen Sie drei Gesichtspunkte (spiegelverkehrt geschrieben) ein, die Ihnen am wichtigsten sind, wenn Sie Medien benutzen.

Kontakte ermöglichen | Einsamkeit beseitigen | mich allzeit erreichbar machen | informieren | mich selbst bestimmen lassen | berichten | Langeweile vertreiben | unterhalten

b) Notieren Sie hier Ihre Gesichtspunkte.

Das Wichtigste für mich ist, dass Medien

____

____

Medien als Informationsquelle

///Medien als Informationsquelle///

Wenn du Informationen benötigst, überlege, woher du sie am schnellsten und am zuverlässigsten erhältst. /
Um die Zuverlässigkeit zu überprüfen, benutze immer mehrere Quellen (z. B. Fachbuch, Internet, Zeitungsartikel). /

1 **Kreuzen Sie jeweils zwei Möglichkeiten an, über welche Medien Sie am ehesten Informationen in den folgenden Situationen erhalten.**

		Gedruckt/Digital		Gerät/Online		Nur online
		Zeitung/ Zeitschrift	Buch	Radio	Fernseher	Blog, Facebook, …
A	Sie sollen eine Präsentation über ein fachspezifisches Thema Ihres Berufes halten.					
B	Sie wollen die neuesten Handys vergleichen.					
C	Sie suchen rechtliche Informationen zur Kündigung eines Vertrages.					
D	Sie benötigen in drei Wochen eine Wohnung und wollen die Angebote vergleichen.					
E	Im Deutschunterricht müssen Sie ein Buch vorstellen.					

2 **Notieren Sie jeweils ein Medium (Lexikon, Fachbuch, Computer/Internet, Zeitung, Zeitschrift), mit dem Sie die angezweifelte oder verpasste Information überprüfen könnten.**

A Die Stadt Behrenswert hat 48 000 Einwohner, lesen Sie im Lexikon. Das erscheint Ihnen etwas viel. ____________________

B Im Internet lesen Sie, dass die Temperaturen in den nächsten beiden Tagen auf 43 Grad Celsius klettern werden. Das kommt Ihnen zu hoch vor. ____________________

C Im Fernsehen haben Sie gesehen, dass ganze Landstriche überflutet und von einer größeren Stadt teilweise nur noch die Dächer zu sehen waren. Sie haben vergessen, wo das war, möchten es aber gerne wissen. ____________________

D Im Radio haben Sie gehört, dass einige Konzerte der Gruppe PP ausfallen werden. Für das Konzert dieser Gruppe haben Sie Eintrittskarten in Gelsenkirchen. Sie haben zu Beginn dieser Nachricht im Radio nicht richtig zugehört und wollen nun genau wissen, an welchen Orten das Konzert ausfällt. ____________________

E Im Fachbuch steht der Name des Bundeswirtschaftsministers. Der Name kommt Ihnen unbekannt vor. ____________________

/// Internetquellen überprüfen ///

Überprüfe, ob bei der Internetseite ein Urheber oder Verantwortlicher mit Adresse (Impressum) genannt ist und ob die Seite von einer Universität oder einem anerkannten Wissenschaftler stammt. Kontrolliere die Glaubwürdigkeit auch dadurch, dass du die Aussagen mit denen in anderen Quellen (z. B. Fachbüchern) vergleichst.

3 **Notieren Sie stichwortartig, was Sie tun können, um die folgenden Aussagen zu überprüfen, die Sie im Internet gefunden haben.**

A Zweistöckiges Haus verschwindet über Nacht in einem Erdloch.

B In 73 Tagen geht die Welt unter – Hamsterkäufe von Rausch- und Betäubungsmitteln.

C Benzinpreis klettert bis zum Wochenende auf 10 € pro Liter.

D Eine Gangstergruppe hat eine Möglichkeit entwickelt, das Guthaben auf jedem Handy auf eine Art „Depot“ herunterzuladen, sobald es eingeschaltet wird.

4 **Notieren Sie fünf Ausdrücke und Wendungen, die Ähnliches bedeuten wie die angegebenen Wörter.**

A werben *annoncieren, Reklame machen, umstimmen, zu etwas beeinflussen, für eine Idee gewinnen*

B verkaufen ______

C helfen ______

D betrügen ______

E beeinflussen ______

/// Quellen angeben ///

Wenn du Texte oder Gedankengut von anderen Autoren übernimmst, musst du die Quelle genau angeben (siehe Muster unten).

5 a) **Geben Sie die Quelle von einem Ihrer Schulbücher nach dem Muster an.**

Muster:
Andreas Beck: Unter Kelch und Spinne. Konstanzer Geschichten aus der Schulzeit. Konstanz 2000, S. XX.

______

b) **Finden Sie einen Text im Internet und versehen Sie ihn mit einer Quellenangabe nach folgendem Muster.**

Muster:
http://www.focus.de/wissen/wissenschaft/astronomie/tid-21647/astronomie-kosmische-flitzer_aid_607688.html, abgerufen am 15.03.2011.

______

Medien als Mittel der Kommunikation und Selbstdarstellung

/// Kommunikation ///

Kommunizieren (= sich mündlich, schriftlich oder außersprachlich mit anderen austauschen) ist ein menschliches Bedürfnis, das du ausleben sollst. /

1 a) **Erstellen Sie eine Tabelle nach folgendem Muster und füllen Sie diese für fünf Personenkreise oder Einzelpersonen aus.**

Personenkreis (oder Einzelperson)	Medium	Zweck der Kommunikation	Sprache (Umgangssprache, Geheimsprache, Schriftsprache)

b) **Stellen Sie Ihre Ergebnisse vor.**

/// Wirkung auf andere ///

Überlege bei allem, was du von dir preisgibst, wie es auf andere wirkt. /
Bedenke auch immer, ob das, was du über dich mitteilst, nicht irgendwann zu deinem Nachteil genutzt werden kann (z. B. bei einer Bewerbung). /

2 **Lesen Sie den folgenden Text.**

Kult der Selbstinszenierung

Früher war der Kampf um Aufmerksamkeit eine Sache von Politikern und Prominenten. Das ist heute anders, wie der Tübinger Medienwissenschaftler Bernhard Pörksen in seinem Essay darlegt. Heute neigen Hinz und Kunz dazu, sich zu inszenieren – mit der Folge, dass alle Bereiche der Gesellschaft mittlerweile unter Inszenierungsverdacht stehen. […]

Liefere eine Show! Längst ist der Kampf um öffentliche Aufmerksamkeit Alltag geworden und beschränkt sich nicht mehr nur auf Medienprofis und Prominente. Es werden Köche und Frisöre gecastet. Überforderte Mütter, gescheiterte Restaurantbesitzer, verschuldete Handwerker und vereinsamte Milchbauern müssen sich – auf dem Weg zur öffentlichen Therapie in den entsprechenden Sendungen – den Regeln des Fernsehbusiness beugen. […]

Entstanden ist so ein Kult permanenter Selbstdarstellung und Selbstinszenierung, getrieben durch alte und neue Medien, insbesondere das Fernsehen und das Netz. Eine etwas unheimliche Zahl von Menschen bereitet sich akribisch auf den großen Auftritt und den verführerischen Moment des

Gesehenwerdens vor, ganz gleich, ob dieser auf der eigenen Homepage oder im eigenen Blog stattfindet, kniend vor einem Jurymitglied von RTL, auf dem Weg ins Dschungelcamp, in einen Big-Brother-Container oder beim Schlagabtausch in einer Talkshow. Tausende stellen ihre Fotos und Filmchen ins Netz.

Stuttgarter Zeitung, 08.01.2011

3 **Erklären Sie, was für Sie Selbstinszenierung bedeutet.**

4 **Arbeiten Sie paarweise.**

a) **Berichten Sie Ihrem Partner, was Sie über sich in welchem Medium veröffentlicht haben.**

b) **Geben Sie Ihrem Partner eine Rückmeldung, welche Informationen später für andere Zwecke genutzt werden könnten als für den beabsichtigten.**

c) **Notieren Sie gemeinsam eine Empfehlung, was man nicht veröffentlichen sollte.**

---

5 **Stellen Sie Ihre Ergebnisse aus Aufgabe 4c) vor.**

6 a) **Kreuzen Sie an, wie interessant diese Darstellungen im Internet für einen künftigen Arbeitgeber sein könnten.**

		Sehr aufschlussreich	Vielleicht interessant	Nicht interessant
A	Im Netz wird ein 5-Jähriger gezeigt, wie er ein Glas Bier leer trinkt und später wankend durch die Wohnung läuft.			
B	Ein 4-jähriges Kind sagt seiner Mutter, dass sie ganz böse sei. Es würde sie nur mögen, wenn sie ihm die Schokolade gebe.			
C	Eine 3-Jährige schlägt ihrem Bruder mehrmals sehr wütend mit Plastikbausteinen auf den Kopf.			
D	Eine 14-Jährige schreibt in einer nächtlichen SMS, von der sie weiß, dass sie veröffentlicht wird, dass ihre Mutter eine [Schimpfwort] sei, und am liebsten wäre ihr, sie würde morgen schon sterben.			

b) **Begründen Sie Ihre Entscheidung.**

Medien zur Unterhaltung

/// Unterhaltung – Sucht/Abhängigkeit ///

Werde dir bewusst, wann Medien der Unterhaltung dienen und wann der Gebrauch zur unkontrollierten Sucht wird. /

1 **Entwerfen Sie eine Tabelle nach folgendem Muster. Schreiben Sie auf, wie Sie an den verschiedenen Wochentagen Ihre freie Zeit verbringen.**

Wochentag	Nachmittag	Dauer	Abend	Dauer
Montag	*– mit Freunden schwimmen gehen* – …	*– 2 Stunden* – …		
Dienstag				
…				
Sonntag				

2 a) **Diskutieren Sie in Kleingruppen Ihre Ergebnisse von Aufgabe 1.**

b) **Legen Sie gemeinsam fest, wann die intensive Mediennutzung zur Sucht beziehungsweise Abhängigkeit wird.**

c) **Notieren Sie, was Sie gemeinsam festgelegt haben.**

3 a) **Lesen Sie die Definition von „Sucht“.**

Als Sucht bezeichnet man das uneingeschränkte Verlangen nach einem bestimmten Handeln, Erlebnis oder Zustand. Dabei ist das Verlangen nicht mehr durch den Verstand kontrollierbar. Jedes Interesse oder Verhalten eines Menschen kann zur Sucht werden und abhängig machen.

b) **Nennen Sie eine Sucht und beschreiben Sie genau, was sie mit der süchtigen Person macht.**

c) **Lesen Sie den Text und erklären Sie, wie die Handy-Sucht auf die Betroffenen wirkt.**

Jugendliche können handysüchtig werden

Anhängliche Jugendliche zeigen ohne ihre Handys mitunter Entzugserscheinungen und Symptome wie Beunruhigung und Stress, ergab eine Studie des Prozessor-Herstellers Intel. Handys und andere Hightech-Geräte seien an sich sehr reizvoll und anregend für Teenager, erklärt die Jugendforscherin Michelle Hackmann. Bei Entzug würden die Anwender unausgelastet und wüssten beinahe nicht mehr, wie sie sich unterhalten sollen. Bei jungen Nutzern ist, wenig erstaunlich, besonders die Kurznachrichten-Funktion beliebt. Die Freude über eine empfangene SMS versetzt sie in einen entsprechend erregten Gemütszustand. Wird ihnen das Handy vorenthalten, zeigen sie sich hingegen beunruhigt. (pte)

Südkurier, 28.03.2011

4 a) **Berichten Sie von Situationen, in denen Sie ähnliche Erfahrungen gemacht haben, wie sie in dem folgenden Artikel beschrieben werden, dass Sie nämlich zwischen Wirklichkeit und dargestellter beziehungsweise erdachter Wirklichkeit (= Fiktion) nicht unterscheiden konnten.**

Der Alltag in deutschen Gerichtssälen sieht so aus: Ein Richter verurteilt eine junge Frau im knappen Leopardenfellkleidchen, die ihre Kinder in der Wohnung verdursten ließ, während sie sich mit ihrem Liebhaber […] an der Ostsee vergnügte. Das zumindest wollen einem die Gerichtsshows weismachen, die nachmittags in den privaten Fernsehsendern ausgestrahlt werden. Und viele Jugendlichen fallen darauf herein, sie können nicht zwischen Fiktion und Realität unterscheiden. Wie man Fernsehen richtig versteht, das bringt Uwe Kassai Haupt- und Realschülern im Rahmen des Projekts Medienfluten bei. […] Er will den Schülern zeigen, dass es in vielen Sendungen (ganz besonders in den vielen Castingformaten) vor allem darum geht, Leute vorzuführen und „sie auf dem Medienaltar zu opfern“.

Stuttgarter Zeitung, 08. 01. 2011

b) **Erklären Sie, was mit dem Ausdruck gemeint sein könnte: „auf dem Medienaltar opfern“ (Zeile 18).**

5 **Bilden Sie von den markierten Wörtern den Komparativ (1. Steigerungsstufe, z. B. *schön – schöner*) und formulieren Sie korrekte Sätze. Trennen Sie die Sätze durch Komma ab und schreiben Sie die Substantive (Hauptwörter) groß.**

A Je **klein** / sind / kinder – desto **wenig** / zwischen fiktion und wirklichkeit / unterscheiden / können sie.

B Je **oft** / verboten wird / das fernsehen – desto **attraktiv** / es / wird.

C Unter 10 jahren / nicht **viel** als eine halbe stunde fernsehen / sollten / kinder / pro tag – wenn / gut / vorankommen wollen / im **späten** leben / sie.

6 **Vervollständigen Sie die Texte in den Sprechblasen und malen Sie Ihr Gesicht aus. Die Lösungen finden Sie jeweils spiegelverkehrt unter den Sprechblasen.**

A

Zur Information nutze ich ________________ Quellen. Um zu prüfen, ob etwas stimmt, werde ich ________________ ________________ heranziehen.

zuverlässige | mehrere Quellen

C

Wenn ich Texte von anderen Autoren ________________, werde ich die ________________ ________________.

übernehme | Quelle genau angeben

B

Ich werde Medien ________________ ________________.

bewusst nutzen

D

Ich werde mir genau überlegen, was ich über mich ________________ und was vielleicht einmal ____ ________________ ________________ ausgenutzt werden könnte.

veröffentliche | zu meinem Nachteil

Was ich kann und noch besser können möchte

1 **Machen Sie den folgenden Test.**

	Aussage	stimmt	stimmt nicht
1	Ich kann einschätzen, welche Medien ich wozu am besten nutze.		
2	Ich weiß, wie man den Wahrheitsgehalt von Informationen überprüfen kann.		
3	Ich kann Textquellen aus Büchern und aus dem Internet richtig angeben.		
4	Ich bin in der Lage, kritisch zu prüfen, was ich ohne spätere Nachteile in Medien veröffentliche.		
5	Mir ist bewusst, welche Informationen über mich mithilfe der Medien ausgenutzt werden könnten.		
6	Ich kann beurteilen, wer Informationen vielleicht erst Jahre später über mich verwenden kann.		
7	Wir kommunizieren nur mündlich oder schriftlich.		
8	Die Nutzung des Fernsehers, des Handys oder des Internets kann auch süchtig machen.		

2 **Kontrollieren Sie mithilfe der Lösung auf Seite 137, was Sie in Aufgabe 1 bei den Aussagen 7 und 8 angekreuzt haben.**

3 **Füllen Sie die folgenden Sprechblasen aus.**

✓ Das kann ich gut:

____

____

____

Das möchte ich noch besser können:

____

____

____

Vorschläge für Projektarbeiten

- Das Fernsehprogramm einer Woche auswählen und einen Wochenplan der Nutzung erstellen, dabei einen fernseh- und computerfreien Tag einbauen
- Den Besuch einer Druckerei, einer Tageszeitung oder einer Fernsehanstalt vorbereiten, durchführen und auswerten
- Eine Dokumentation der Gefühle und Veränderungen erstellen: zwei Tage ohne Handy, eine Woche ohne Fernseher und Computer

14 Werben

Was Werbung mit mir zu tun hat

A **Maik:** Werbung ist überall. Das nervt mich! Im Fernsehen zappe ich Werbung meistens weg.

B **Andy:** Einige Spots finde ich aber ganz witzig.

C **Aynur:** Manchmal finde ich Werbung super. Ich hätte mir nämlich garantiert noch das alte Handy-Modell gekauft, wenn ich nicht die Werbung für das neue gesehen hätte.

D **Fabian:** Ich will Werbung, die sachlich und ehrlich informiert. Bunte Bilder und originelle Sprüche interessieren mich nicht. Im Supermarkt-Prospekt checke ich zum Beispiel nur die Preise.

E **Hendryk:** Ich glaube, Werbung beeinflusst unsere Gefühle so geschickt, dass wir das gar nicht merken. Ganz wohl ist mir dabei nicht.

F **Ich:**

____

____

____

1 a) **Lesen Sie die Texte in den Sprechblasen.**
b) **Markieren Sie Stellen, an denen Sie etwas über Werbung erfahren.**
c) **Schreiben Sie Ihre Erfahrungen mit Werbung in die leere Sprechblase.**

2 **Stellen Sie vor, was Sie in Aufgabe 1b) markiert haben.**

3 a) **Wählen Sie eine Sprechblase aus, über die Sie reden wollen.**
b) **Stellen Sie hierzu eine Frage, die Sie gerne beantwortet haben möchten, und beantworten Sie die Fragen anderer.**

4 a) **Kreisen Sie drei Gesichtspunkte ein, auf die Sie bei Werbung besonders achten.**

ehrlich ist | sachlich informiert | originell ist | farblich passend gestaltet ist | Gefühle anspricht | auffällige Wörter enthält | aktuell ist | witzig ist

b) **Ergänzen Sie den folgenden Satz mit Ihren Gesichtspunkten.**

Bei Werbung achte ich besonders darauf, ob sie

____

____

Wie man die Gestaltung und Wirkung von Werbung untersucht

/// Wirkung ///

Werbung will mit bedeutungsvollen Farben, auffallenden Bildern, ungewöhnlichen Texten und mit Ton aufmerksam machen, dein Interesse am Beworbenen wecken, auf deine Gefühle und deinen Verstand einwirken und dich zu etwas bewegen (z. B. Kauf, Einstellung). /
Deshalb solltest du die Wirkung prüfen und beschreiben, damit du vernünftig entscheiden kannst. /

1 **Entscheiden Sie, welche der beiden Anzeigen Sie stärker anspricht. Begründen Sie Ihre Entscheidung.**

1

2

2 a) **Trennen Sie Adjektive ab, mit denen man die Wirkung von Werbung beschreiben kann.**

aggressiv / alltäglichanziehendblassdynamischabstoßendeintönigfarblosflippigfrechinteressantjugendlich konventionelllangweiliglustvollmodernängstigendnormalprovozierendruhigsachlichschlichtschockierend schrillseriössichertrendigunauffälligungewöhnlichunruhigzurückhaltend

b) **Markieren Sie für beide Anzeigen (Aufgabe 1) jeweils vier Adjektive, mit denen Sie beschreiben können, wie die Anzeigen auf Sie wirken.**

3 a) **Entwerfen Sie eine Tabelle nach diesem Muster.**

b) **Ergänzen Sie die Tabelle.**

Anzeige 1		
Gestaltungsmittel	Beschreibung	Wirkung auf Sie
Farbe		
Bilder		
Text	*englische Begriffe „hair + style" kleingeschrieben, mit Pluszeichen verbunden statt mit „und"*	*modern, trendig in der Beschränkung auf wenig Text und diese Form, jugendlich (SMS-Stil)*
Anzeige 2		
Farbe		
Bilder		
Text		

4 a) **Schauen Sie sich die Anzeige aufmerksam an und schreiben Sie auf, wer wirbt.**

b) **Formulieren Sie, an wen die Anzeige gerichtet sein könnte.**

c) **Beschreiben Sie die farbliche Gestaltung in Stichworten.**

d) **Notieren Sie Adjektive, mit denen Sie die Wirkung der farblichen Gestaltung beschreiben. Informieren Sie sich dazu auch über die Wirkung der Farben Blau und Rot (z. B. im Internet).**

e) **Listen Sie sprachliche und formale Besonderheiten auf, die Ihnen in der Anzeige auffallen.**

f) **Schreiben Sie auf, was mit den Besonderheiten beabsichtigt sein könnte.**

5 **Tauschen Sie sich über Ihre Ergebnisse von Aufgabe 4 aus.**

6 **Vervollständigen Sie die Texte in den Sprechblasen und malen Sie Ihr Gesicht aus. Die gesuchten Begriffe ergeben sich durch Vertauschen der Silben unter den Sprechblasen.**

A

Wenn ich Werbung untersuche, werde ich vor allem auf die Wirkung von ____________________, ungewöhnlichen ________________ und ____________________ achten.

tenbenBilFardernTex

B

Da Werbung häufig auf ______________ Einfluss nehmen will, werde ich darauf achten, zwischen in der Werbung angesprochenen Gefühlen und konkreten ________________ zu unterscheiden.

InlemanentioGefühfor

Was ich kann und noch besser können möchte

1 **Machen Sie den folgenden Test.**

	Aussage	stimmt	stimmt nicht
1	Farben, Bilder, Texte und Ton sind Gestaltungsmittel für Werbung.		
2	Werbung will zunächst auffallen, um dann den Verstand und die Gefühle zu beeinflussen.		
3	Die Gestaltung von Werbung löst Wirkungen aus, die häufig mit Gefühlen verbunden sind.		
4	Mit Adjektiven kann man beschreiben, wie die Gestaltung von Werbung wirkt.		
5	Werbung enthält grundsätzlich keine konkreten Informationen.		
6	Den Aussagen in der Werbung kann ein Kunde vertrauen.		

2 **Vergleichen Sie Ihre Ergebnisse mit der Lösung auf Seite 137.**

3 **Füllen Sie die folgenden Sprechblasen aus.**

✓ Das kann ich gut:

___

___

___

Das möchte ich noch besser können:

___

___

___

Vorschläge für Projektarbeiten

→ Gemeinsam hundert Werbeanzeigen sammeln, in der Klasse präsentieren und die Top Ten daraus wählen lassen

→ Ein Plakat zu einem ausgewählten Produkt erstellen. Vorschläge:
1. Ein besonders interessantes neues Produkt, das eine Schülerin/ein Schüler im Praktikum gesehen hat
2. Das „Produkt" Deutschunterricht
3. Das „Produkt" Deutsche Sprache

→ Ein Werbeplakat für die eigene Person im Rahmen einer Fantasie-Bewerbung erstellen

→ Eine Werbeagentur besuchen